Fit for Future

Die Zukunft wird massive Veränderungen im Arbeits- und Privatleben mit sich bringen. Tendenzen gehen sogar dahin, dass die klassische Teilung zwischen Arbeitszeit und Freizeit nicht mehr gelingen wird. Eine neue Zeit – die sogenannte „Lebenszeit" – beginnt. Laut Bundesregierung werden in den nächsten Jahren viele Berufe einen tiefgreifenden Wandel erleben und in ihrer derzeitigen Form nicht mehr existieren. Im Gegenzug wird es neue Berufe geben, von denen wir heute noch nicht wissen, wie diese aussehen oder welche Tätigkeiten diese beinhalten werden. Betriebsökonomen schildern mögliche Szenarien, dass eine stetig steigende Anzahl an Arbeitsplätzen durch Digitalisierung und Robotisierung gefährdet sind. Die Reihe „Fit for future" beschäftigt sich eingehend mit dieser Thematik und bringt zum Ausdruck, wie wichtig es ist, sich diesen neuen Rahmenbedingungen am Markt anzupassen, flexibel zu sein, seine Kompetenzen zu stärken und „Fit for future" zu werden. Der Initiator der Buchreihe Peter Buchenau lädt hierzu namhafte Experten ein, ihren Erfahrungsschatz auf Papier zu bringen und zu schildern, welche Kompetenzen es brauchen wird, um auch künftig erfolgreich am Markt zu agieren. Ein Buch von der Praxis für die Praxis, von Profis für Profis. Leser und Leserinnen erhalten „einen Blick in die Zukunft" und die Möglichkeit, ihre berufliche Entwicklung rechtzeitig mitzugestalten.

Axel Klimek

Der Leaders Coaching Circle

Mindset transformieren und Wirksamkeit von Führung stärken

Axel Klimek
Center for Sustainability
Transformation
Hofheim, Deutschland

ISSN 2730-6941   ISSN 2730-695X   (electronic)
Fit for Future
ISBN 978-3-658-49303-5   ISBN 978-3-658-49304-2   (eBook)
https://doi.org/10.1007/978-3-658-49304-2

Die Deutsche Nationalbibliothek verzeichnet diese Publikation in der Deutschen
Nationalbibliografie; detaillierte bibliografische Daten sind im Internet über https://
portal.dnb.de abrufbar.

Planung/Lektorat: Vera Treitschke
Springer Gabler ist ein Imprint der eingetragenen Gesellschaft Springer Fachmedien
Wiesbaden GmbH und ist ein Teil von Springer Nature.
Die Anschrift der Gesellschaft ist: Abraham-Lincoln-Str. 46, 65189 Wiesbaden,
Germany

Wenn Sie dieses Produkt entsorgen, geben Sie das Papier bitte zum Recycling.

Geleitwort von
Prof. Peter Hawkins

Axel Klimek zeigt in diesem praxisnahen und inspirieren-
den Buch eindrucksvoll auf, wie rasant sich unsere Welt
verändert – schneller in den kommenden sieben Jahren als
in den vergangenen hundert. Für viele Führungskräfte ist
dieses Tempo des Wandels eine enorme Herausforderung.
Der „Leaders Coaching Circle" bietet einen innovativen
und zugleich bewährten Weg, um darauf wirksam zu reagieren.

Dieser Ansatz ist das Ergebnis von Axels jahrzehnte-
langer Erfahrung in der Arbeit mit Organisationen unter-
schiedlichster Branchen und Kulturen in über 35 Ländern
weltweit. Er verbindet die Wurzeln der humanistischen
Psychologie mit einer Vielzahl moderner Coaching-An-
sätze, die sich in den letzten fünf Jahrzehnten entwickelt
haben. Im Unterschied zum klassischen Einzelcoaching
setzt dieses Format auf kollektives Lernen und Wachstum: Führungskräfte kommen im geschützten Raum eines

Kreises zusammen, um durch tiefes Zuhören, gemeinsames Reflektieren und systemische Perspektivwechsel ihre persönliche und organisationale Entwicklung zu fördern.

Der Leaders Coaching Circle knüpft an die Tradition des Action Learning an, wie sie in den 1950er-Jahren von Reg Revans in Großbritannien begründet wurde. Damals wie heute geht es darum, komplexe Herausforderungen gemeinsam zu bearbeiten – mit einem Fokus auf aktuelle Themen und mit echtem Engagement aller Beteiligten. Revans arbeitete unter anderem mit dem Kohlebergamt und dem National Health Service und zeigte, dass kollektives Lernen nachhaltiger wirkt als isolierte Entwicklungspfade.

Axels Ansatz führt diesen Gedanken zeitgemäß weiter. Er integriert moderne Erkenntnisse über die Entwicklung erwachsener Menschen, systemische Coaching-Methoden und dialogische Prinzipien und macht sie für Führungskräfte von heute unmittelbar anwendbar. Ob in bestehenden Teams mit einem gemeinsamen Veränderungsanliegen oder in heterogenen Gruppen aus verschiedenen Organisationseinheiten – Leaders Coaching Circle schafft einen Resonanzraum für echte Transformation.

Axel beschreibt eindrucksvoll, welche Qualitäten diesen Raum tragen: Empathie, Achtsamkeit, Mitgefühl, echtes Interesse, tiefes Zuhören und systemisches Denken. Er zeigt, wie kraftvolle Fragen, die aus authentischer Neugier entstehen, zu mehr Bewusstheit führen und neue Perspektiven eröffnen. Konkrete Praxisbeispiele veranschaulichen, wie diese Elemente im Coachingkreis wirksam zusammenspielen.

Als Führungskraft oder Coach kannst Du dieses Buch als Deinen ganz persönlichen Leaders Coaching Circle nutzen. Es lädt Dich ein, die unterschiedlichen Formen des Coachings kennenzulernen und gezielt einzusetzen, um der Vielzahl an Herausforderungen zu begegnen, die Dir in Deiner Arbeit begegnen und künftig begegnen werden: von den einfachen über die komplizierten bis hin zu den komplexen und systemisch vielschichtigen.

In meiner eigenen Arbeit betone ich immer wieder die Bedeutung des „Lernrands" – jenem Punkt, an dem wir keine fertigen Antworten haben, aber alle von der Frage oder Herausforderung berührt sind. Es ist der Ort, an dem echtes Lernen und Innovation stattfinden. Wir alle sind Teil der „Schule des Lebens", wie Ram Dass es formulierte. Wir können den Lehrplan des Lebens nicht wählen, wohl aber unsere Haltung dazu. Und dieser Lehrplan wird gegenwärtig anspruchsvoller denn je.

In meinem aktuellen Buch „Beauty in Leadership and Coaching: and its role in transforming human consciousness" (2025) beschreibe ich die Herausforderungen unserer Zeit – Klimanotstand, Umweltzerstörung, Verlust der Biodiversität, Migration, mentale Krisen und wachsende Ungleichheit. All diese Herausforderungen sind tief miteinander verflochten – keine lässt sich isoliert lösen. Die eigentliche Metakrise besteht darin, dass unsere kollektive Bewusstseinsentwicklung nicht Schritt hält mit der Geschwindigkeit, mit der wir als Menschheit unsere Umwelt verändern.

Der große Denker Gregory Bateson erkannte schon in den 1960er-Jahren, dass wir lernen müssen, anders zu denken. Wenn wir unsere Denk- und Handlungsmuster nicht grundlegend verändern, werden wir den Herausforderungen unserer Zeit nicht gerecht werden. Die eigentliche Führungsaufgabe unserer Epoche – sei es als Managerin, Coach, Politikerin oder Bildungsakteur – besteht darin, unser menschliches Bewusstsein so weiterzuentwickeln, dass wir als Spezies zukunftsfähig bleiben. Nur so können wir auf diesem wunderbaren Planeten überleben und gedeihen – getragen von dem, was uns täglich an Leben geschenkt wird.

Meine Hoffnung ist, dass dieses Buch eine ähnliche Wirkung entfaltet wie das Werk von Reg Revans in den Jahrzehnten von 1960 bis 1990. Unsere Zeit verlangt nach kollektiven Lernräumen, in denen Führungskräfte gemeinsam wachsen und gestalten können. Der Leaders Coaching Circle ist ein starkes Angebot dafür – genau zur rechten Zeit.

Mai 2025   Prof. Dr. Peter Hawkins
                                                    Chairman, Renewal
                                                              Associates

Vorwort

Eine rote Brille lässt mich alles rot sehen. Aber ist es dann auch rot? Wer farbenblind ist, sieht vielleicht nur Grautöne. Wessen Wahrnehmung stimmt, meine ohne Brille, meine mit Brille oder die von Farbenblinden? Ist die Welt wirklich bunt, weil wir Rezeptoren haben, die Farben unterscheiden können? Oder erzeugt unser Gehirn ein buntes Bild von etwas, das eigentlich grau ist?

Die Rezeptoren unserer Augen, die zu dem Teil des Gehirns führen, der für das visuell erlebte Bild zuständig ist, machen nur einen kleinen Teil dessen aus, was wir „sehen". Der größere Teil kommt aus anderen Gehirnregionen, die nicht „wirklich" sehen, sondern in denen vor allem Vergangenes gespeichert ist oder andere Informationen verarbeitet werden.

Also eine selbst so „objektive" Tatsache wie die Bilder, die ich sehe, sind nicht ganz so objektiv, wie sie scheinen, sondern sehr subjektiv gefärbt.

Aber was ist mit all den anderen Aspekten, die wir für wahr halten. Sind sie wahr, nur weil wir sie so wahrnehmen? In meiner Arbeit als Organisationsberater, Trainer und Coach habe ich in 35 Ländern auf vier Kontinenten gearbeitet. Da war unter anderem ein Change-Management Workshop mit Führungskräften aus der Wasserwirtschaft in Botswana. Die Fragen, die mich damals bewegten, waren: Was kann ich den Menschen in ihrem afrikanischen Kontext über die Wirksamkeit von Veränderungsmethoden erzählen, die Menschen aus den USA und Europa entwickelt haben? Passt das dort genauso wie bei uns, wenn wir aus einem ähnlichen Kontext kommen? Da ich mir ähnliche Fragen auch in anderen Ländern wie Ägypten, Uganda, Thailand, Indien, Usbekistan, Russland etc. gestellt habe, habe ich über die Zeit meine Vorgehensweise angepasst. Ich begann weniger oder gar nicht mehr als Experte aufzutreten, sondern führte eher einen offenen Dialog mit den Teilnehmenden aus den verschiedenen Kulturen. Die Fragen, um die sich diese Dialoge drehten, waren:

- Was sind Eure Herausforderungen?
- Wie geht Ihr in Eurem Kontext mit diesen Herausforderungen um? Welche Optionen gibt es bei Euch?
- Wie schaut man durch eine westliche Brille auf solche Herausforderungen? Welche Optionen haben wir?
- Können wir, d. h. die Teilnehmenden und ich als Externer, neue Erkenntnisse gewinnen, wenn wir die Herausforderung mit unterschiedlichen Brillen betrachten?
- Können wir daraus in der Zukunft etwas Neues und Ungewohntes ausprobieren?

Diese Haltung ermöglichte mir in zahlreichen Ländern Begegnungen auf Augenhöhe. Dies bildete einen wichtigen Erfahrungsschatz für mich, den ich bewusst in meine Arbeit in Deutschland und Europa integriert habe. Während Coaches diese Grundhaltung oft selbstverständlich leben, stellt sie für Führungskräfte eher eine Herausforderung dar.

Das Konzept der Coaching-Formate, um das es maßgeblich in diesem Buch geht, ist in diesem Sinne auch im Dialog anhand von zwei Fragen entstanden:

1. Welche Herausforderungen erleben Coachees und Kunden in Bezug auf Führung in einer Zeit, die von disruptivem Wandel und Unsicherheit geprägt ist?
2. Wenn ich diese Herausforderungen durch die Brille der Coaching-Wissenschaft betrachte, welche Erklärungen gibt es dafür, welche Handlungsoptionen ergeben sich aus den Erklärungen und welche Methoden und Tools können eingesetzt werden?

Was von meiner Seite in einen solchen Dialog einfließen könnte beschreibe ich in diesem Buch und ergänze es mit einigen Erfahrungsberichten aus unterschiedlichen Leaders Coaching Circles oder dem Einzelcoaching. Ich wünsche Dir viel Spaß beim Lesen und Nachdenken und hoffe, dass Du die eine oder andere Einsicht für deinen eigenen Umgang mit solchen Herausforderungen gewinnen kannst. Sei es als Führungskraft, als HR-Verantwortlicher oder als Coach, der mit Führungskräften arbeitet.

Eine kleine Anmerkung zum „Du". Im Coaching und auch im Leaders Coaching Circle entsteht wegen der persönlichen Reflexion schnell der Wunsch, das Du zu nutzen. Deshalb habe ich mich hier für die gleiche Ansprache entschieden.

Was das Gendern betrifft, habe ich mich entschieden, unregelmäßig und abwechselnd von einer weiblichen und einer männlichen Person zu sprechen, wenn ich Menschen oder Rollen allgemein beschreibe.

Hofheim   Axel Klimek
Juli 2025

Danksagung

Viele Menschen haben direkt oder indirekt zur Entstehung dieses Buches beigetragen. Ihnen gilt mein tief empfundener Dank.

Prof. Werner Stork, Professor für Organisation und Management an der Hochschule Darmstadt. Du hast mich ermutigt, das Konzept der Coaching-Formate weiter zu vertiefen. Aus Deiner Sicht leistet es einen wichtigen Beitrag zur Resilienz von Organisationen. Gemeinsam haben wir zwei Studienbücher für die Wilhelm-Büchner-Hochschule dazu verfasst und zahlreiche gemeinsame Veranstaltungen durchgeführt.

Mit Prof. Peter Hawkins arbeite ich seit über 25 Jahren in unterschiedlichen Kontexten zusammen. Peter, Du warst mir immer eine inspirierende Quelle und bist ein innovativer Vordenker im Coaching. Und daraus ist über die Jahre eine tiefe Freundschaft entstanden. Dank auch für Dein so wertschätzendes Geleitwort.

Meine gesamte Reise zu diesem Buch ist ohne Prof. Konrad Pfaff († 2012) kaum denkbar. Als mein Soziologieprofessor an der Hochschule Dortmund hast Du mich angeregt, mich mit dem Thema „Bewusstsein als Konstruktion von Wirklichkeit" auseinanderzusetzen und meine Diplomarbeit zur Evolution des menschlichen Bewusstseins zu schreiben.

Carl Rogers habe ich nur während eines dreitägigen Trainings erlebt. Und doch bist Du seit über 40 Jahren ein innerer Nordstern – damals als Therapeut, heute als Coach. Es ist ein Geschenk, Dich als einen solchen inneren Begleiter zu haben.

Ein weiterer Nordstern ist Jiddu Krishnamurti, den ich zweimal bei Vorträgen in Delhi und Chennai erleben durfte. Deine tiefgreifenden Fragen nach dem, was wirklich wahr ist – und was wir nur dafür halten – prägen mich bis heute.

Meine therapeutische Reise begann vor über 35 Jahren. Ich hatte das Glück, am HAKOMI-Institut großartige Lehrer wie Ron Kurtz, Dyrian Benz, Pat Ogden und Halko Weiss zu erleben. Selten hat mich eine Methode so berührt wie der HAKOMI-Ansatz.

Mit Judy Henderson durfte ich viele Jahre eng zum Zusammenspiel von Körper, Geist und Seele lernen und arbeiten.

Mit Alan Atkisson verbindet mich das tief empfundene Verantwortungsgefühl, an einer wirklich nachhaltigen Zukunft mitzugestalten. Unsere erfüllende Zusammenarbeit in vielen Projekten und unsere spannenden Dialoge mündeten in unserem gemeinsam geschriebenen Buch „Parachuting Cats into Borneo".

Meine Neugier, wie echte Innovation entsteht, führte mich zu Stephen Gilligan und Robert Dilts. Euer „Generative Coaching" schätze ich als tiefgehenden und zugleich praxisnahen Ansatz sehr.

Shirzad Chamine kenne ich bisher nur online. Doch Dein Ansatz Positive Intelligence hat viele frühere Erkenntnisse für mich neu zusammengefügt und meiner Arbeit eine neue Ausrichtung gegeben.

Praktisch wäre dieses Buch wohl nie entstanden, hätten nicht Klaus Hanatschek (Fresenius SE) und Daniela Wismahr (damals Deutsche Bahn AG) mich fast zeitgleich vor einigen Jahren gebeten, ein Leadership-Circle-Format zu entwickeln. Durch Eure Impulse konnte ich meine Ideen ausprobieren und erleben, wie viele Führungskräfte durch das Konzept des „Leaders Coaching Circle" mehr Sicherheit im Umgang mit ihren Herausforderungen gewinnen konnten.

Meiner wunderbaren Frau Corinna Möck-Klimek, Ausbildungsleiterin für Coaching am IBP-Institut in der Schweiz, danke ich von Herzen – ebenso wie Gertrud Perler und Manou Maier. Ihr habt mich eingeladen, im Rahmen der IBP-Coaching-Ausbildung eine fünftägige Fortbildung zu den Coaching-Formaten anzubieten. Es ist berührend zu sehen, wie sehr dieser Ansatz das Verständnis zukünftiger Coaches vertieft und erweitert.

Meiner Tochter Mirijam Klimek, Studentin im Bachelorstudiengang Business Administration an der Frankfurt School of Finance, hat das Buch korrekturgelesen und mir bei einem wichtigen Projekt, dass im Buch erwähnt wird assistiert. Danke für Deine großartigen Impulse und Dein ehrliches Feedback – sowohl nach dem Lesen des Manuskripts als auch in Deiner Rolle als Assistentin im Teamcoaching.

Moritz von Hohenstein hat als Erster das fast fertige Buch ganz gelesen. Vielen Dank für Dein ehrliches Feedback. Das war sehr wertvoll für mich.

Vera Treitschke vom Springer-Gabler-Verlag und Peter Buchenau, dem Herausgeber der Fit-for-Future-Reihe, danke ich für das Vertrauen in das Buchprojekt und die kontinuierliche Begleitung bei seiner Entstehung.

S.H. Gyalwang Drukpa, Linienhalter der Drukpa-Linie des tibetischen Buddhismus, begleitet mich seit 35 Jahren als mein spiritueller Lehrer. Dein Wirken inspiriert mich immer wieder, tief in mir nachzuforschen, welche Möglichkeiten im menschlichen Geist verborgen liegen – und was die eigentliche Natur des Geistes ist. Wenn dieses Buch Tiefe hat, wenn es jemanden dazu inspiriert, über sein eigenes Potenzial nachzudenken, dann wurzelt das in der Weisheit von S.H. Gyalwang Drukpas.

Interessenkonflikt   Der/die Autor*in hat keine für den Inhalt dieses Manuskripts relevanten Interessenkonflikte.

Inhaltsverzeichnis

Teil I

New Work und Leaders Coaching Circle: Wie Dialog und Coaching-Formate Führungskräfte stärken

1

Einführung in den Leaders Coaching Circle: Dialog, Peer Coaching und Mindset-Shift für Führungskräfte

Zusammenfassung In diesem Kapitel werde ich einige der Grundsätze des Leaders Coaching Circle beschreiben. Durch offenen Dialog und ein gegenseitiges Unterstützen mithilfe von Peer Coaching werden die Teilnehmenden befähigt, mit unterschiedlichen Herausforderungen des Führungsalltages wirkungsvoller umzugehen.

Der Leaders Coaching Circle wird entweder als offener Workshop oder zur Begleitung eines bestehenden Teams genutzt, das gemeinsam eine bestimmte Herausforderung meistern muss, zum Beispiel eine konkrete Veränderung bzw. Transformation im eigenen Unternehmen zu initiieren. In der Regel kommt eine Gruppe von Führungskräften (6 bis 10 Teilnehmende) über mehrere Monate hinweg in regelmäßigen Abständen für jeweils einen halben Tag zusammen. Im Mittelpunkt stehen konkrete Herausforderungen, die die Führungskräfte in ihrem Arbeitsalltag

© Der/die Autor(en), exklusiv lizenziert an Springer Fachmedien
Wiesbaden GmbH, ein Teil von Springer Nature 2025
A. Klimek, *Der Leaders Coaching Circle*, Fit for Future,
https://doi.org/10.1007/978-3-658-49304-2_1

erleben und darüber mit Kollegen in einen Dialog treten und sich gegenseitig coachen.

Ein zentraler Ansatz des Leaders Coaching Circle ist der Dialog. Der Quantenphysiker David Bohm (1917–1992) hatte sich in der letzten Phase seines Berufslebens intensiv mit dem Erkenntnisgewinn durch „Miteinander im Dialog sein" beschäftigt. Wir Menschen sind ständig in kommunikativen Prozessen mit anderen, aber meistens geht es dabei um das, was mein Freund Peter Hawkins als „exchanging pre-cocked thoughts – vorgefertigte Gedanken austauschen" beschreibt. Man fühlt sich oft persönlich bestätigt, wenn man sich mit seinen Ansichten durchgesetzt hat. Etwas Neues wird in einem solchen Setting selten entstehen. Im Dialog geht es um das, was Peter Hawkins „thinking together – gemeinsam denken" beschreibt.

Beim Dialog entsteht ein Raum, in dem bestimmte Voraussetzungen vorherrschen:

- Zuhören in vier Richtungen.
  - Sich selbst zuhören, mit all den eigenen Meinungen, Gedanken, Ideen, Impulsen, Bildern, Erfahrungen etc.
  - Dem anderen offen und unvoreingenommen zuhören. Was wird gesagt? Wie wird es gesagt? Was wird nicht gesagt oder nicht erwähnt?
  - Auf die eigenen Reaktionen hören, die durch das entstehen, was der andere sagt bzw. nicht sagt.
  - Auf den Zwischenraum und den alles umschließenden Raum hören, in dem es Pausen, Stille und bisher nicht gedachte Möglichkeiten gibt.
- Teilnehmen und mitmachen: Ein Dialog funktioniert nur dann gut, wenn alle ihre volle Aufmerksamkeit auf den Prozess richten, sei es mit Worten oder ohne Worte.

- Offenheit für das eigene Mindset: Im weiteren Verlauf des Buches werde ich explizit auf das Mindset und seine Wirkung eingehen. In der Regel ist es unser Mindset, das einem Erkenntnisgewinn im Wege steht.
- Fokusthema: Es ist gut, ein gemeinsames Thema zu haben, das sozusagen im Fokus der Aufmerksamkeit steht und über das man in einen offenen und (er)forschenden Dialog tritt.

Im Leaders Coaching Circle spielt das Thema Coaching eine zentrale Rolle, und zwar in doppelter Hinsicht. Viele Herausforderungen von Führungskräften drehen sich neben den Managementtätigkeiten verstärkt um Themen der Führung von Mitarbeitenden. Aber es kann auch um Fragen gehen, wie eine neue Teamkultur aufgebaut werden kann, für die eine Änderung eines vorherrschenden Mindsets relevant ist. Das Verständnis und die spezifische Herangehensweise von Coaching an solche Themen werden gezielt als Impuls in die Dialogstruktur eingeflochten. Dies ist der erste Weg, wie Coaching den Leaders Coaching Circle bereichert. Der zweite besteht darin, dass die Teilnehmenden in grundlegenden Coaching-Methoden geschult werden, sodass sie sich in Zweiergesprächen bei ganz individuellen Herausforderungen aktiv unterstützen können. Ich nenne diese Art des Coachings „PCCS – Peer Coaching Café Style". Eine professionelle Coaching-Ausbildung dauert in der Regel ein bis drei Jahre und es ist nicht unser Anspruch, die Teilnehmenden darin zu qualifizieren. Die meisten von uns kennen aber Momente, in denen wir sehr hilfreiche Gespräche mit anderen geführt haben. Stell Dir vor, eine enge Freundin bittet Dich um ein Gespräch in einem Café. Ihr geht es gerade nicht gut oder sie kommt mit einem persönlichen Thema nicht weiter. Intuitiv wirst Du in diesem Gespräch wahrscheinlich eigenen Themen zurückstellen, die Du normalerweise teilen würdest. Dein Hauptaugenmerk ist in diesem Moment zuhören und klärende Fragen stellen. Du willst ja verstehen, was Deine Freundin beschäftigt. Wenn es passt, wirst Du bei Bedarf vielleicht eigene Vorschläge, Erfahrungen und Ideen einfließen lassen. Und da Du die Freundin schon länger und vor allem gut kennst, wirst du ihr möglicherweise auch ein ehrliches Feedback geben. Oft löst sich nach diesem Gespräch ein innerer Knoten bei der Freundin und sie ist Dir wirklich dankbar. Oftmals hätte ein professioneller Coach auch nichts anderes gemacht und es wäre auch nicht unbedingt eine bessere Lösung für die Freundin herausgekommen. Diese natürliche Fähigkeit haben wir Menschen – das ist „PCCS – Peer Coaching Café Style". Natürlich hat PCCS seine Grenzen, aber im Rahmen des Leaders Coaching Circle ist es ein wertvoller Ansatz, um bestimmte Herausforderungen auf einer sehr persönlichen Ebene zu reflektieren.

Mit diesem Buch möchte ich Dich auf eine ähnliche Reise mitnehmen wie in einem Leaders Coaching Circle. Beginnen wir gleich mit einem Blick auf das zentrale Thema Mindset, mentale Modelle, Konstrukte etc., das sich durch das ganze Buch wie ein roter Faden zieht.

2

Mindset und Wirklichkeitskonstruktion: Wie unbewusste Denkmuster Führung und Transformation beeinflussen

Zusammenfassung „Der Fisch ist der letzte, der das Wasser entdeckt." Genauso ergeht es uns Menschen in der Regel mit allem, wovon wir bewusst, aber auch unbewusst als Realität ausgehen. Wie wir diese innere Realität konstruieren und welche Auswirkung sie auf unser Empfinden, Denken, Fühlen und Handeln hat, steht im Fokus dieses Kapitels.

Kürzlich kam unsere Tochter zu Besuch und erzählte uns von einer Fortbildung zum Thema „unconscious bias". Sie bat uns, ein kleines Experiment zu machen und uns eine Familiensituation vorzustellen. Meine Frau und ich hatten sofort Bilder vor Augen. Ich sah ein Ehepaar mit einer Tochter, ca. 12 Jahre alt, beim Brettspiel und meine Frau eine Familie mit zwei Kindern (12 bis 16 Jahre alt) beim Mittagessen. Stopp einmal einen Moment mit dem Lesen: Was würdest Du Dir vorstellen? Im Gespräch mit unserer

© Der/die Autor(en), exklusiv lizenziert an Springer Fachmedien
Wiesbaden GmbH, ein Teil von Springer Nature 2025
A. Klimek, *Der Leaders Coaching Circle,* Fit for Future,
https://doi.org/10.1007/978-3-658-49304-2_2

Tochter stellten wir fest, dass sich die Bilder meiner Frau und mir in vielen Punkten ähnelten. Wir sahen Familien aus der Mittelschicht in einer großzügigen Wohnsituation, das Paar bestand aus Mann und Frau und alle hatten eine helle Hautfarbe. Das Bild, das unser Gehirn erzeugt hatte, entsprach genau dem Erfahrungsraum, in dem wir leben.

2.1 Vom Höhlengleichnis über den Konstruktivismus zum Konzept von Mindset

„Unconscious bias" kann mit „unbewusster Voreingenommenheit" oder „unbewusstem Vorurteil" übersetzt werden und bezeichnet ein Phänomen, das die Erkenntnistheorie des Konstruktivismus ab dem späten 19. und besonders im 20. Jahrhundert beschreibt. Eine Richtung des Konstruktivismus ist der „radikale Konstruktivismus", der davon ausgeht, dass unsere Wahrnehmung kein Abbild einer bewusstseinsunabhängigen Realität liefert. Die Realität stellt für jedes Individuum hingegen immer eine Konstruktion aus Sinnesreizen und Gedächtnisleistung dar. Und so haben meine Frau und ich auf die Frage unserer Tochter mit unserer Gedächtnisleistung unser Abbild der Realität „Familiensituation" geschaffen.

Die Frage, was wahr ist und was wir für wahr halten, beschäftigt uns Menschen seit Jahrtausenden. Platon schrieb sein Höhlengleichnis im 4. Jahrhundert vor Christus, und auch Buddha lehrte schon vor 2500 Jahren, dass die Wahrnehmung der Wirklichkeit durch uns Menschen eher einem Traum gleicht. In den letzten 50 Jahren haben sich Wissenschaft und Praxis auch mit dieser Frage beschäftigt, und es ist eine Vielzahl unterschiedlicher Begriffe entstanden, die alle ein ähnliches Phänomen beschreiben (viele der Begriffe werden auch im Deutschen als Anglizismen verwendet): Mindset, Konstrukt, Filter, Frames of Reference, Bezugsrahmen, Handlungslogik, Arbeitstheorie, Grundüberzeugungen, Glaubenssätze, Grundannahmen, Weltbild, mentale Muster, Bias, aber auch Persönlichkeitsstruktur, Charakterstruktur, Kultur, Organisationskultur können dazugezählt werden.

Da in letzter Zeit der Begriff Mindset häufig auch im Managementkontext verwendet wird, werde ich ihn zusammen mit den Begriffen Konstrukt und mentale Muster im weiteren Verlauf des Buches vorrangig verwenden.

2.2   Mindset als aktiver Filter der Realität

Die Wirkung von Mindset lässt sich gut in einem kleinen Bild (Abb. 2.1) veranschaulichen. Zwei Menschen betrachten einen äußeren Berg als Symbol für eine berufliche Herausforderung. Der Mann sieht einen steilen, kaum zu erklimmenden Gipfel und die Frau einen niedrigeren, freundlich aussehenden Hügel. Diese inneren Bilder lösen bei ihm eher Furcht und beängstigende Erwartungen aus,

Abb. 2.1   Aktiver Filter der Realität

während bei ihr eine entspannte Vorfreude entsteht. Wenn diese Personen Mitarbeitende Deiner Abteilung wären, wem würdest Du eher die Aufgabe geben, die Herausforderung anzugehen?

Die innere Verarbeitung von Informationen folgt in der Regel einem bestimmten Ablauf (vgl. Abb. 2.2). Ein Reiz, ein Ereignis oder die äußere Realität wird durch unser Mindset gefiltert und an unsere innere Realität angepasst. Durch diesen Filterungsprozess entsteht unsere spezifische Wahrnehmung der Realität, die wiederum mit den inneren Erfahrungen wechselseitig verbunden sind, die wir in diesem Moment machen. Erfahrungen sind mit Gefühlen, Körperempfindungen, Gedanken, inneren Bildern, Erinnerungen usw. gekoppelt. Dieses innere Erleben beeinflusst dann unsere wahrgenommenen Handlungsoptionen, den Auswahlprozess der Optionen und letztendlich die Art und Weise, wie wir handeln. Und es ist offensichtlich, dass dies wiederum das Ergebnis beeinflusst, das wir mit unserem Handeln erzielen.

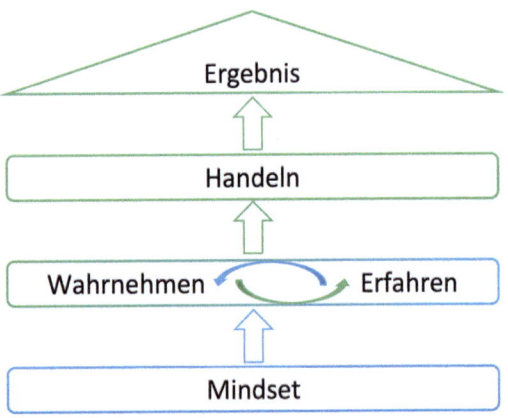

Abb. 2.2   Vom Mindset zur Wirkung

Kürzlich habe ich Freunde besucht, und wir sind zu ihrem Lieblingsitaliener gegangen, bei dem wir schon vor vier Jahren waren. Mir ist aufgefallen, dass beide die gleichen Gerichte wie vor vier Jahren bestellt hatten. Wir kamen darüber ins Gespräch und ihre Begründung war: „Das schmeckt am besten." Wenn aus einer vielfältigen Speisekarte immer oder fast immer das gleiche Gericht gewählt wird, dann läuft der oben beschriebene Prozess ab. Von außen betrachtet sieht ein solcher Entscheidungsprozess nach einer vorhersehbaren Gewohnheit oder Routine aus. Innerlich wird er aber oft als freie Entscheidung des Augenblicks empfunden.

Die gleichen Phänomene finden sich in allen Lebensbereichen wieder. Für viele Menschen steht vor einer politischen Wahl fast immer schon fest, wen oder was sie wählen wollen, und sie finden auch immer die passenden Gründe dafür. Manche Menschen fahren am liebsten immer in dasselbe Hotel am selben Ort, und für andere ist es wichtig, immer wieder neue Urlaubsziele auszuprobieren. Unsere Gewohnheiten konstruieren unsere Wirklichkeit.

Dieser inneren Prozesse der Wirklichkeitskonstruktion findet genauso bei allen Fragen der Führung oder der Zusammenarbeit im beruflichen Kontext statt. Manche Führungskräfte führen eher eng und mit kleinmaschigen Anweisungen, während andere ihren Mitarbeitenden viel Freiraum lassen. Manche reagieren eher damit, dass sie Dinge selbst machen, wenn sie unter Stress geraten, während andere sofort ihr Team einbeziehen. Interessant ist auch hier, dass jeder glaubt, seine persönliche Art und Weise, mit einer Situation umzugehen, sei die passende für diesen Moment. Manchmal weiß man von sich selbst, dass man in bestimmten Situationen „etwas" über das Ziel hinausschießt, wenn man etwa seinem Ärger in einer Situation zu viel Raum gibt – „Aber so bin ich nun mal" wird gerne benutzt, um die eigene Reaktion wieder in das bestehende Selbstbild zu integrieren.

Mit diesem Buch möchte ich Dich einladen, bei den vielfältigen Herausforderungen des Führungsalltags einmal innezuhalten und Dir die Frage zu stellen: „Erziele ich mit meiner Brille auf die Realität der Herausforderungen und mit meinem Umgang damit die Wirkung, die ich mir kurz-, mittel- und/oder langfristig vorstelle?" Wenn mich meine eigene Antwort nachdenklich stimmt, könnte eine zweite Frage interessant sein: „Welche anderen Brillen gibt es und welche Ergebnisse könnten dadurch erzeugt werden?"

Mit diesem Buch möchte ich ergründen, wie wir Menschen dazu kommen können, eine andere, besser funktionierende Brille selbstverständlicher und gewohnheitsmäßiger zu nutzen, selbst dann, wenn uns die alte Sicht auf die Wirklichkeit so vertraut ist.

Diese Frage mag einerseits für Menschen relevant sein, die sich selbst verändern wollen. Für Führungskräfte kann diese Frage aber vor allem auch dann zielführend sein, wenn sie merken, dass ihre Mitarbeitenden und Kolleginnen und Kollegen in einer gewohnten Art und Weise mit Herausforderungen umgehen, die nicht mehr zu neuen Gegebenheiten und Herausforderungen zu passen scheinen. Auf PowerPoint-Folien stehen in solchen Zusammenhängen oftmals Sätze wie „Wir brauchen ein agiles Mindset", „Wir müssen kundenorientierter werden", „Unser Ziel ist eine kollaborative Teamkultur." Aber wie man das Delta vom aktuellen Mindset zu einem neuen Mindset überbrückt, ist oft nicht so klar beschrieben wie das Zielbild selbst.

2.3 Die neurophysiologische Grundlage von Mindset und sein Mehrwert fürs (Über-)Leben

Als ich vor einigen Jahrzehnten meinen Führerschein machte, fuhr ich kurz darauf mit dem Auto von Essen nach Schleswig-Holstein. Nach etwa 100 km Autobahn-fahrt musste ich die erste Pause einlegen, weil ich mich völlig erschöpft fühlte. Heute kann ich ähnliche Strecken fahren und nebenbei telefonieren oder mich unterhalten. Was war passiert? Ich hatte in der Fahrschule gelernt, was ich bei einem Spurwechsel zu tun hatte, und rief es mir jedes Mal bewusst ins Gedächtnis. Ich war also ständig hoch konzentriert. Es gab noch keine Routine.

Unser Gehirn (vgl. Abb. 2.3) macht etwa 2 % unseres Körpergewichts aus, verbraucht aber 20 % unserer Gesam-tenergie. Bei meiner ersten langen Autobahnfahrt habe ich sicher viel mehr als diese 20 % gebraucht. Im Laufe der Evo-lution hat das Gehirn einen erstaunlichen Energiespartrick entwickelt. Alles, was wir häufig tun, wird im neuronalen System durch feste Verschaltungen verankert. Das beschreibt

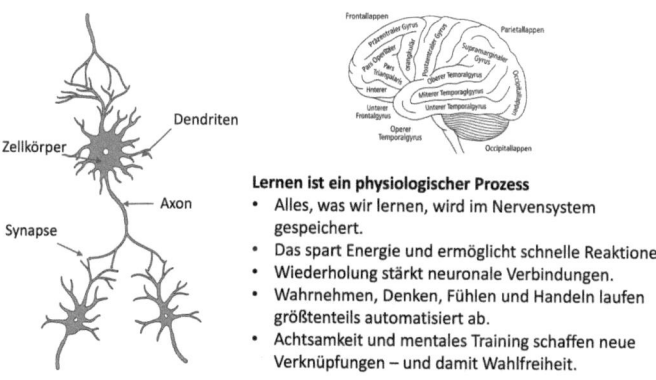

Lernen ist ein physiologischer Prozess
- Alles, was wir lernen, wird im Nervensystem gespeichert.
- Das spart Energie und ermöglicht schnelle Reaktionen.
- Wiederholung stärkt neuronale Verbindungen.
- Wahrnehmen, Denken, Fühlen und Handeln laufen größtenteils automatisiert ab.
- Achtsamkeit und mentales Training schaffen neue Verknüpfungen – und damit Wahlfreiheit.

Abb. 2.3 Die neuronale Ebene von Mindset

der bekannte Satz aus der Neurobiologie „Neurons that fire together wire together" („Neuronen, die zusammen feuern, verdrahten sich").

Das wissen wir alle, wenn wir zum Beispiel etwas motorisch Anspruchsvolles lernen, wie Fahrrad fahren. Wie oft sind wir als Kinder beim Lernen umgefallen, bis wir bzw. unser Gehirn es irgendwann „drauf" hatten. Irgendwann haben sich in unserem Gehirn verschiedene neuronale Netzwerke gebildet und miteinander verknüpft. Und inzwischen fällt das Radfahren leicht. Und selbst wenn wir 20 Jahre nicht mehr Rad fahren, können wir bzw. unser Körper es meistens noch.

Aber nicht nur körperliche Abläufe werden so im Gehirn gespeichert, sondern auch alles andere. Jedes englische Wort, jede mathematische Gleichung, die wir uns merken, hat eine neuronale Entsprechung. Wenn wir eine zweite Sprache fließend sprechen, ist es für uns in der Regel nicht anstrengend, von einer Sprache in die andere zu wechseln. Anders verhält es sich, wenn wir einen Brief in einer Sprache schreiben, die uns nicht so vertraut ist. Ähnlich verhält es sich mit unserem Mindset und unseren Konstrukten. Viele kennen die Unterscheidung, dass manche Menschen das Glas eher halb voll und andere eher halb leer sehen. Auch mit den besten Argumenten wird sich an der Grundeinstellung nichts ändern. Wenn man sich die Biografien der Menschen, die das Glas halb voll sehen, anschaut und sie mit denen vergleicht, die das Glas halb leer sehen, dann wird man feststellen, dass es jeweils passende Gründe gab, zu dieser Überzeugung zu kommen.

Das heißt, alles, was wir heute sind und was uns ausmacht, haben wir aus früheren Erfahrungen gelernt. Und das wurde im Gehirn in der neuronalen Struktur verankert. Dazu gehören alle Fähigkeiten und alles Wissen, aber auch unsere Persönlichkeit und unser Charakter, unser Zugehörigkeitsgefühl zu einer Kultur, einer Gesellschaft oder einem Unternehmen. All das fließt in unser Mindset ein, und alles, was unser Mindset ausmacht, hat eine neuronale Entsprechung auf der Hardware-Ebene unseres Gehirns.

Über alles, was ich so verankert habe, muss ich nicht mehr nachdenken. Deshalb wählten meine Freunde automatisch die gleichen Gerichte wie vor ein paar Jahren und tun das auch heute noch regelmäßig. In der Psychologie spricht man hier von automatisierten Gewohnheiten oder einem prozeduralen Gedächtnis: gelernte Routinen, die ohne bewusstes Nachdenken ablaufen.

2.4 Neuroplastizität – die Fähigkeit des Nervensystems mit Limitierung des Mindsets umzugehen

In einer konstanten Umgebung hat die Fähigkeit, sich auf bestehende Netzwerke zu verlassen, überwiegend Vorteile. Abgesehen davon, dass es Energie spart, ermöglicht es, schnell und effektiv zu handeln. Unsere Vorfahren hatten gelernt, wo es mit höherer Wahrscheinlichkeit Nahrung gab und wo Gefahren lauerten. Sie bzw. ihre neuronalen Netze kannten die Umgebung gut. Es gab lange Zeit wenig Notwendigkeit, innovativ zu sein und Dinge anders zu handhaben als gewohnt. Das hat sich in den letzten Jahrzehnten geändert, und die Geschwindigkeit des Wandels nimmt rapide zu. Es gibt Zukunftsforscher, die davon ausgehen, dass es in den nächsten 7 Jahren mehr Veränderungen geben wird als in den letzten 100 Jahren. Wenn das so ist, dann könnte es sein, dass der evolutionäre Vorteil unseres Gehirns nicht mehr so hilfreich ist.

Interessanterweise hat unser Gehirn auch hier vorge-
sorgt und mit der „Neuroplastizität" ein weiteres Prinzip
entwickelt, das uns helfen kann, mit der Notwendigkeit
von Veränderungen umzugehen. Neuroplastizität bezeichnet die Fähigkeit des Gehirns, sich durch Erfahrungen
oder Lernen strukturell und funktionell zu verändern. Die
kollektive Erfahrung von Corona ist ein anschauliches
Beispiel dafür. Die Möglichkeit, von zu Hause aus zu arbeiten, gab es vor Corona nur in einigen Nischenberufen.
Und die meisten hätten vorher wahrscheinlich gesagt, dass
Homeoffice nicht wirklich funktionieren kann. Jetzt, nach
Corona, ist es eine neue Realität der Zusammenarbeit.
Dazwischen lag eine teilweise lebensbedrohliche Krise, die
uns Menschen gezwungen hat, grundlegende Dinge an-
ders zu machen.

Mithilfe der Neuroplastizität wird Lernen, Umlernen
und auch Verlernen möglich. Dafür braucht es aber bestimmte Voraussetzungen, auf die wir in den folgenden
Kapiteln eingehen werden.

Machen wir ein kleines physisches Experiment. Dazu
brauchst Du freie Hände und Aufmerksamkeit für das eigene innere Erleben und Empfinden:

- Schritt 1: Bitte falte Deine Hände einmal so, dass
  immer ein Finger über dem anderen liegt. Bei mir liegt
  der linke Daumen über dem rechten, dann der linke
  Zeigefinger über dem rechten usw.
- Schritt 2: Spüre nach, wie sich das anfühlt. Vielleicht
  spürst Du nichts Besonderes, weil Deine Hände wahrscheinlich so gefaltet sind, wie Du es gewohnt bist.
- Schritt 3: Löse die Hände jetzt und falte sie mit versetz-
  ten Fingern. Bei mir wäre das jetzt der rechte Daumen
  über dem linken, dann der rechte Zeigefinger über dem
  linken usw.

- Schritt 4: Spüre wieder nach, wie es sich anfühlt. Für viele Menschen fühlt sich dies nicht richtig an, manche werden unruhig, andere nervös, manchmal spürt man, dass sich etwas im Körper unangenehm anspannt.
- Schritt 5: Löse die Hände wieder und falte sie wieder wie gewohnt. Oft stellt sich sofort eine Entspannung ein, ein seufzendes Ausatmen und eine leichte emotionale Erleichterung.

Mit diesem kleinen Experiment lassen sich einige wichtige Aspekte der neuronalen Bedingungen von Gewohnheiten und Routinen verdeutlichen. Die Art, wie wir die Hände falten, ist eine Gewohnheit. Genauso wie das Glas halb voll oder halb leer zu sehen. Und wie jede Gewohnheit fühlt es sich richtig an, so wie ich es mache. Dahinter steckt die Kraft der automatisierten Gewohnheiten, also der gelernten Routinen, die ohne bewusstes Nachdenken ablaufen. Jede Veränderung auf dieser Ebene fühlt sich zunächst falsch an. Nicht nur als Idee und Konzept, sondern körperlich. Es ist einfach, diesem Gefühl des Falschseins auszuweichen und wieder in die alte Routine zurückzufallen. Unzählige Menschen machen diese Erfahrung, wenn sie aus einem rationalen Grund ihre Essgewohnheiten ändern, regelmäßig Sport treiben, aufmerksamer zuhören, proaktiv delegieren wollen etc. Allzu schnell übernehmen die alten Gewohnheiten wieder das Ruder. Und hier kommt die Neuroplastizität ins Spiel. Wenn Du lange genug dranbleibst und das Neue immer wieder tust, bilden sich im Gehirn neue neuronale Verschaltungen: „Nerven, die zusammen feuern, verknüpfen sich" – bis sich eine neue Routine entwickelt hat, und zwar auf der Ebene des Nervensystems und nicht nur als Konzept, Idee oder

Wunsch. Der Gewinn am Ende eines solchen Prozesses ist, dass man dann beide Möglichkeiten hat. Man kann die Hände auf die eine oder andere Weise falten oder das Glas halb voll bzw. halb leer sehen.

3

Organisationskultur, Mindset und Leadership: Warum systemisches Denken heute unverzichtbar ist

Zusammenfassung In diesem Kapitel wollen wir das Konzept von Mindset und Konstrukten ausweiten auf die kollektive Ebene der Wirklichkeitskonstruktion. Wir alle haben nicht nur eine individuelle Sozialisation durchlaufen, die unser Bild auf die Realität beeinflusst hat. Sondern in jedem sozialen Gefüge, von der eigenen Familie über die Organisation, in der man beschäftigt ist, bis zur Gesellschaft und der Zeitepoche, in der man lebt, bildet sich eine gemeinsam erlebte „Wirklichkeit".

Das Konzept von Mindset wird oft auf den individuellen Bezugsrahmen einer Person bezogen, wie sie Realität einerseits filtert und andererseits erschafft. Aber auch jedes soziale System konstruiert seinen Wirklichkeitskontext, der innerhalb der Gruppe ähnlich ist und sich von anderen Gruppen oft unterscheidet. Dies lässt sich zum Beispiel bei politischen Parteien beobachten. Anhänger der einen

Partei scheinen in einer anderen Welt zu leben und andere Themen für wichtig zu halten als Anhänger einer anderen Partei. Für den Einzelnen bedeutet dies, dass er sich einerseits von der Ähnlichkeit einer Gruppe mit seinen eigenen Ansichten angezogen fühlt, andererseits aber auch durch die Zeit, die er in dieser Gruppe verbringt, von ihr geprägt wird.

Eine „Organisationskultur" wirkt ebenfalls als Filter. Ed Schein, ein amerikanischer Sozialwissenschaftler und ehemaliger Professor am Massachusetts Institute of Technology (MIT), der 2023 verstorben ist, definiert Organisationskultur als „ein Muster grundlegender Annahmen – erfunden, entdeckt oder entwickelt von einer bestimmten Gruppe, während diese lernt, mit Problemen der externen Anpassung und internen Integration umzugehen -, die gut genug funktioniert haben, um (von der Gruppe) als gültig angesehen zu werden, und die daher neuen Mitgliedern als die richtige Art und Weise, diese Probleme wahrzunehmen, zu denken und zu fühlen, vermittelt werden" (Schein, 1985, S. 9).

3.1   Zusammenhänge durch ein monokausales Denken reduzieren

Gleichzeitig hat jede Gesellschaft auch ihre eigene Kultur als Filter der Realität entwickelt und auf einer noch größeren Ebene auch eine Zeitepoche. Unsere heutige Zeit ist geprägt von einem eher mechanistischen Weltbild, in dem die einzelnen Teile durch eine kausale Wirkung miteinander verbunden zu sein scheinen, eine Wenn-dann-Beziehung oder eine Entweder-oder-Beziehung. Wenn mein Auto nicht anspringt, dann ist vielleicht die Batterie leer oder es ist kein Benzin im Tank. In dem Moment, in dem ich die Ursache behebe, also die Batterie auflade oder Benzin einfülle, springt das Auto wieder an. Durch die Analyse solcher Zusammenhänge haben wir Menschen in den letzten Jahrhunderten immense Fortschritte gemacht. Seuchen konnten ausgerottet werden, weil wir deren Ursachen gefunden hatten. Und dies hat uns auch geholfen, technische Fortschritte zu erzielen, zum Mond zu fliegen und Computer zu entwickeln. Diese Art des Denkens hat sich in vielen Bereichen des menschlichen Lebens durchgesetzt:

- Wenn wir mehr Wachstum in der Wirtschaft erzeugen, wird es mehr Wohlstand geben.
- Wenn die Verkäufer mehr auf die Kunden zugehen, wird der Umsatz steigen.
- Wenn die Führungskräfte ihren Mitarbeitern klarere Ziele setzen, dann wird die Leistung steigen.
- Wenn ich der Kollegin ein offenes Feedback gebe, dann wird sie ihr Verhalten anpassen.

Inzwischen wissen wir, dass diese Konstruktion der Wirklichkeit nur auf einen eingeschränkten Ausschnitt der Wirklichkeit fokussiert und dort sehr nützlich ist. Aber andere Faktoren, die ein Ergebnis beeinflussen können, werden oftmals außer Acht gelassen. Vielleicht erreicht die Führungskraft mit ihrem Ansatz der klaren Ziele einen Teil ihres Teams und es kommt dort zu einer Leistungssteigerung. Es kann aber sein, dass sich andere Kolleginnen durch diese Ziele gegängelt fühlen und sich viel mehr Freiheiten wünschen. Bei ihnen kann die Leistung sinken.

3.2   Systemisches Denken hält Wechselwirkung im Blick

Nach Peter Senge produzieren Systeme ständig Ergebnisse und Wirkungen, die kein Teil des Systems will. In einem kurzen Einführungsvideo über System Thinking erklärt er Dynamiken in Systemen am Beispiel von Familien: https://www.youtube.com/watch?v=eXdzKBWDraM. Man kann dies mit einem Beispiel illustrieren: Es ist Weihnachten und eine Familie mit einer pubertierenden Tochter, in der es oft Streit gibt, nimmt sich wieder einmal vor, ein friedliches Weihnachtsfest zu feiern. Und jedes einzelne Familienmitglied meint dies ernst und wünscht es sich von ganzem Herzen. Alle treffen sich wie verabredet zum Abendessen. Die Eltern haben sich klassisch schön angezogen, die Tochter hat ihre Lieblingshose mit den großen Rissen über den Knien gewählt. Als der Vater seine Tochter sieht, sagt er: „Wie siehst du denn aus? Heute ist doch Weihnachten." Auf diesen Satz erwidert die Mutter: „Wir wollten doch ein harmonisches Weihnachtsfest feiern" und der Wunsch nach einem friedlichen Weihnachtsfest war in diesem Jahr nicht mehr erfüllbar. Alles, was danach an Kommunikation in der Familie stattfand, eskalierte die Situation nur noch mehr.

Woran lag es, dass der Konflikt, der in diesem Familiensystem im Hintergrund vorhanden war, in diesem Moment eskalierte?

- Lag es an der „modernen" Hose, die die Tochter ausgesucht hatte?
- Lag es daran, dass es keine klare Absprache über den Dresscode gab?
- Lag es daran, dass der Vater diese Bemerkung in diesem Moment machen musste?

- Lag es daran, dass die pubertierende Tochter sehr dünnhäutig auf Kritik reagiert?
- War es der Versuch der Mutter zu schlichten?
- Lag es daran, dass das Ehepaar seit Jahren nicht mehr glücklich miteinander war?
- Lag es daran, dass der Vater eifersüchtig darauf war, dass Mutter und Tochter ein viel engeres Verhältnis hatten als er zu seiner Tochter?
- Lag es daran, dass sowohl der Vater als auch die Mutter in Familien aufgewachsen waren, in denen es an Harmonie, Liebe und Verständnis mangelte?
- (...)

Wahrscheinlich könnte man die Liste des „Lag es daran, dass (...)" seitenlang fortsetzen und käme am Ende wahrscheinlich zu dem Ergebnis, dass nichts monokausal war, sondern alle Punkte irgendwie gewirkt haben. Und genau hier setzt systemisches Denken und Wahrnehmen an.

Systemisches Denken ist eine ganzheitliche Betrachtungsweise, die Zusammenhänge, Wechselwirkungen und Muster in komplexen Systemen wie einer Familie aber auch eines Teams erkennt. Anstatt einzelne Elemente isoliert zu betrachten, analysiert es, wie diese in einem dynamischen Kontext miteinander verbunden sind.

Systemisches Denken bedeutet, nicht nur offensichtliche Fakten oder direkte Ursachen zu sehen, sondern auch unsichtbare Einflussfaktoren, Beziehungen und Wechselwirkungen und vor allem auch die Zeitebene zu betrachten. Es geht darum, ein System als Ganzes zu erfassen – einschließlich seiner Strukturen, Dynamiken und der Bedeutung der Perspektiven, die unterschiedliche Akteure einer Situation geben.

Grundprinzipien systemischen Denkens und Wahrnehmens sind:

- Ganzheitliche Perspektive – Betrachtung von Systemen als vernetzte Einheiten, nicht als isolierte Teile.
- Zirkularität – Ursachen und Wirkungen sind oft wechselseitig verschachtelt (z. B. durch Rückkopplungsschleifen).
- Akkumulation über die Zeit – viele kleine Einzelfaktoren können sich über die Zeit zu einem großen Wirkfaktor steigern.
- Dynamik und Wandel – Systeme verändern sich ständig und kleine Veränderungen können große Auswirkungen haben.
- Perspektivenvielfalt – Unterschiedliche Perspektiven helfen, komplexe Situationen besser zu verstehen.
- Wechselwirkungen und Muster erkennen – Fokus auf Beziehungsdynamiken und wiederkehrende Strukturen.

Systemisches Denken und Wahrnehmen hilft, komplexe Herausforderungen besser zu verstehen und nachhaltige Lösungen zu entwickeln, indem das Ganze betrachtet wird und die Wechselwirkungen innerhalb eines Systems berücksichtigt werden.

4

Mindset-Shift: Persönliche Erfahrungen und Lessons Learned im Leadership Coaching

Zusammenfassung Das Konzept der Konstruktion von Wirklichkeit durch mentale Modelle und auch deren Wei-terentwicklung begegnet uns in allen Lebensbereichen, so auch im Coaching. Da Coaching im Leaders Coaching Circle eine zentrale Rolle spielt, kann es sinnvoll sein, sich damit näher zu beschäftigen. Dieses Kapitel vermittelt ex-emplarisch einen Einblick, wie sich über unterschiedliche äußere Einflüsse und Erfahrungen mein persönliches Bild über das Coaching gewandelt hat. Dadurch hat sich meine eigene Definition von Coaching von „Coaching ist so" zu „Coaching ist so, aber auch so und es wird demnächst auch noch anders sein" entwickelt.

Erinnere Dich bitte an die Aufforderung zu Beginn des letzten Kapitels, sich eine Familiensituation vorzustel-len? Nun möchte ich Dich bitten, das Gleiche mit einer Coaching-Situation zu tun. Welches Bild entsteht bei

Dir, wenn Du an Coaching denkst? Dieses Bild, wie auch immer es aussieht, wird einen starken Einfluss darauf haben, ob Du Coaching im Rahmen Deiner Führungsverantwortung für Dich selbst oder auch für Mitarbeitende in Betracht ziehst. Vielleicht hast Du an Coaching für Kolleginnen und Kollegen gedacht, die grundsätzlich nicht so stark in ihrer Leistung sind. Oder Du hast an Coaching im Sport gedacht, wo die neue Nummer 1 der Weltrangliste seinem Coach dankt. Ohne ihn hätte es der Sportler nie geschafft. Beide Bilder, so unterschiedlich sie auch sein mögen, könnten bei Dir den Eindruck erwecken, dass Coaching für Dich nicht infrage kommt, weil Du Dich a) nicht zu den Low Performern zählst und b) nicht den Ehrgeiz hast, die Nummer 1 in Deinem Bereich zu werden. Aber vielleicht fühlst Du Dich durch Dein inneres Bild auch eher inspiriert, Coaching zu nutzen.

Ich selbst bin seit über 40 Jahren mit Coaching bzw. seinen Vorformen der Therapie in Kontakt und in all den Jahren hat sich mein inneres Bild von Coaching immer wieder verändert. Und jede Veränderung zeigt einen anderen Aspekt von Coaching auf.

4.1 Die humanistischen Wurzeln von Coaching

Vor über 40 Jahren habe ich während meines Studiums an einer Weiterbildung in non-direktiver Gesprächsführung bei Carl Rogers, der damals schon über 80 Jahre alt war, teilgenommen. Ich war ein Student, der persönlich eher verschlossen war und wenig von sich preisgeben wollte. Eine Demonstration von Carl Rogers vor 100 Teilnehmenden hat mich tief berührt. Carl Rogers saß auf der Bühne und wirkte entspannt, er strahlte ein tiefes Einfühlungsvermögen aus, war mit allem, was war und kommen wollte, völlig einverstanden und wirkte als Mensch authentisch. Es wurde eine sehr berührende Sitzung, ohne dass Carl Rogers etwas erreichen wollte oder aktiv tat. In mir, der ich mich in den Jahren davor irgendwie immer mehr innerlich zurückgezogen hatte, entstand das Bild, dass ich mich gerne „auf den Schoß dieses liebevollen Menschen" setzen würde und alles, was mir hinter meiner Verschlossenheit auf dem Herzen lag, freien Lauf lassen würde.

In der humanistischen Psychologie geht man davon aus, dass in uns Menschen ein Potenzial schlummert, das sich in einer gehaltenen, liebevollen Umgebung langsam Raum schafft. Der Coach oder die Psychotherapeutin fungiert dabei eher als eine Art Hebamme. Für beide ist es wichtig, wirklich als gegenüber da zu sein, den Raum liebevoll zu halten und durch wertfreies Zuhören und interessiertes Fragen den „Entfaltungsprozess" im Coachee zu ermöglichen. Diese Art der bewussten Aufmerksamkeit entspringt einem tiefen Vertrauen und ist eher eine Haltung als eine Technik oder Methodik.

4.2 Die Wirkung von Rollen an Schnittstellen

Nachdem ich inzwischen viele Weiterbildungen in Coaching absolviert hatte, arbeitete ich 20 Jahre später als Coach und Organisationsentwickler in einer Unternehmensberatung. Als Projektleiter durfte ich einen „Cultural-Change-Prozess" bei einer multinationalen Organisation in Addis Abeba begleiten. Coaching spielte dabei immer wieder eine Rolle, und ich merkte, dass meine humanistischen Wurzeln auch im Umgang mit Menschen aus anderen Kulturkreisen sehr hilfreich waren. Einem anderen Menschen aus einem fremden Kulturkreis einfach als Mensch zu begegnen, überwindet Mauern. Allerdings gab es immer häufiger Momente, in denen ich mit meinem auf der humanistischen Psychologie basierenden Coaching-Konstrukt nicht mehr wirklich weiterkam. Und das passierte, wenn ich Menschen aus verschiedenen Ländern in einem Workshop zusammen hatte. Menschen, die vorher offen und freundlich waren, wurden plötzlich verschlossen und kompromisslos. Irgendwann wurde mir bewusst, dass jeder dieser Menschen zwei Seiten hatte. Sie waren immer noch freundliche Menschen, aber in den Workshops waren sie gleichzeitig offizielle Vertreter ihrer Länder in der multinationalen Organisation. Und in Phasen, in denen es etwa Spannungen zwischen einzelnen Ländern gab, mussten die Menschen aufgrund ihrer Rolle eine bestimmte Seite in den Vordergrund stellen. In den Sozialwissenschaften wird Rolle als die Summe aller Erwartungen definiert, die an den Inhaber einer Funktion oder Position gestellt werden.

Wir Menschen sind einerseits wir Menschen, aber wir sind auch eingebettet in vielfältige Systeme, die alle etwas anderes von uns erwarten können. Dieses Phänomen ist auch bei Führungskräften zu beobachten. Einerseits kann eine Führungskraft sehr sozial und zugewandt sein, anderseits kann es vorkommen, dass sie aus ihrer Rolle heraus eine Umstrukturierung durchführen muss, bei der vertraute und geschätzte Kollegen ihren Arbeitsplatz verlieren oder ihre Aufgabe oder ihren Standort wechseln müssen.

4.3 Die Entstehung und Wirkung von Konstrukten, von Mindset

Als meine Tochter in die Grundschule ging, hatte sie eine Zeit lang Schwierigkeiten, im Zahlenraum bis 10 zu multiplizieren. Um ihr zu helfen, fing ich an, mit ihr zu üben, und fragte sie regelmäßig nach all den für sie schwierigen Rechenoperationen ab. Was ist 7×6, was ist 9×7 usw. Die Wirkung dieser vermeintlichen Unterstützung war enorm, aber im negativen Sinn. Meine Tochter verlor immer mehr die Lust zu rechnen und an der Mathematik. Als ich zum dritten Mal aus ihrem Mund hörte: „Ich kann Mathe nicht, ich bin zu dumm", durchfuhr mich ein Schreck gepaart mit einem schlechten Gewissen. Meine „Unterstützung" führte geradewegs in die Entstehung einer inneren Überzeugung, eines Mindsets „Ich kann Mathe nicht, ich bin zu dumm." Meine eigene schwierige Schulbiografie war wie im Blitzlichtgewitter wieder präsent, und ich konnte mir gut vorstellen, wie sich der weitere Weg des Versagens in Mathematik mit all seinen Schmerzen und Leiden abzeichnete. Ich sagte zu meiner Tochter, dass wir jetzt aufhören und lieber ein Eis essen gehen sollten. Am Abend kam mir eine Idee, wie wir vielleicht ganz anders mit dem Einmaleins umgehen könnten. Dazu schrieb ich auf ein großes Blatt Papier eine Tabelle mit 1 bis 10 auf der einen und 1 bis 10 auf der anderen Achse. So entstanden 100 Felder. Diese 100 Kästchen habe ich dann zusammen mit meiner Tochter ausgefüllt, und natürlich wusste sie, was 1×6 ist und was 7×10 ist, und sie konnte auch die 2er-, 3er-, 4er- und 5er-Reihe komplett. Als sie sah, dass sie weit über 80 von 100 Kästchen richtig benennen konnte, strahlte sie. Von 100 Zahlen musste sie nur noch 13 lernen. Es dauerte etwa eine Stunde, bis sie ihr Mega-Erfolgserlebnis hatte. Viele Jahre später im Abitur bestand sie den Leistungskurs Mathematik mit einer Eins.

Seit dieser Zeit war mir die Arbeit mit Konstrukten, mit Mindset immer wichtiger geworden: Welche Art von Unterstützung braucht es, damit Menschen einengende Bilder von der Wirklichkeit und von sich selbst infrage stellen? Welche Arten von Erfahrungen braucht es, dass veränderte und weitere Bilder von der Wirklichkeit zu neuen Gewohnheiten werden?

4.4   Mentale Modelle behindern Innovation

Über mehrere Jahre habe ich für ein international tätiges Beratungsunternehmen Coaching und Trainings durchgeführt. Dort habe ich auch Teams begleitet und Partner im Coaching fortgebildet. Es war spannend zu sehen, wie die bestehende Organisationskultur und das individuelle Selbstverständnis als „Partner" oftmals Neuem im Wege standen. Obwohl diese Organisationen große und edle Büroräume hatten, fanden wir keinen Ort, in dem man mit verschiedenen Flipcharts und anpassbarem Mobiliar, das man schnell umstellen konnte, kreativ arbeiten konnte. Die Besprechungsräume waren alle sehr hochwertig mit schweren Stühlen und fest montierten Tischen ausgestattet. Am Kopfende, dort wo die Vortragende in der Regel steht, war Technik vom Feinsten. Alles war darauf ausgerichtet, dass eine Person ihr Fachwissen mit anderen teilt. Aber es war nicht darauf ausgerichtet, dass man schnell die Position wechseln oder sich im Raum frei bewegen kann. In einem solchen Setting neue Ideen zu entwickeln, war allein von den Räumlichkeiten her fast unmöglich. Die Räumlichkeiten waren ein äußeres Abbild des Selbstverständnisses, des Mindsets der Beraterinnen als Expertinnen.

Und dieses Mindset zeigte sich auch in einem ganz anderen Setting. Im Coaching wird oft das Konzept der offenen Fragen vermittelt, um beim Gegenüber die Grundlagen für neues Denken und persönliche Innovation zu schaffen. Die Partner in den Kursen waren durchweg hochintelligente Menschen, die das Konzept der offenen Fragen sofort verstanden. Aber in den „Coaching-Übungssituationen" hatte ihr Gehirn nur Tipps, Vorschläge und Ratschläge im Kopf. Das entsprach genau dem, worauf das Gehirn durch langjährige Expertenberatung konditioniert worden war. Aber der Vorratsraum an offenen Fragen war leer.

Wir leben in einer Zeit, in der Innovation zunehmend an Bedeutung gewinnt. Deshalb beschäftigt mich immer stärker die Frage, wie wir durch Coaching die richtigen Bedingungen schaffen können, damit Aha-Momente und innovatives Denken entstehen.

4.5 Coaching von den Herausforderungen denken

Menschen, die Coaching für sich entdecken, sind oft fasziniert von der Kraft, die sich entfaltet, wenn ein Coach den Raum für einen Dialog öffnet und den Coachee selbst neue Perspektiven entwickeln lässt. Ausgebildete Coaches und der für Coaching zuständige HR-Bereich vermitteln oftmals das Bild, dass Coaching über eine bestimmte Methodik definiert wird. Ich höre Begriffe wie lösungsorientiertes Coaching oder systemisches Coaching und es wird von Coaching-Haltung, Augenhöhe, Wertschätzung etc. gesprochen. Ein Teil in mir kann dem vollständig zustimmen und gleichzeitig fehlt mir oftmals dabei etwas – die Kundensicht. Das ist so, wie wenn ein Produktentwickler von seinem eigenen Produkt begeistert ist und aus den Augen verliert, wofür der Kunde es nutzen will.

Beim Coaching ist es ähnlich. Was würde passieren, wenn wir Coaching durch die Brille der Herausforderungen von Unternehmen und der Führungskräfte in Unternehmen betrachten würden? Und wenn wir Coaches uns fragen würde, welcher Ansatz, welches Vorgehen passt am besten zu den Herausforderungen? Im weiteren Verlauf des Buches werde ich diesen Blickwinkel explizit einnehmen und weiterentwickeln.

4.6   Teams, Zentrum von Wirkung oder Nicht-Wirkung

In den Jahren, in denen ich als Organisationsentwickler und Coach gearbeitet habe, ist mir immer klarer geworden, dass der Einzelne zwar sehr wirksam sein kann, aber ob etwas wirklich vorankommt oder nicht, hängt meist nicht von der Leistung Einzelner ab, sondern von Teams. Und Teams sind mehr als die Summe ihrer Mitglieder. Mein Freund Peter Hawkins bringt es pointiert auf den Punkt: Der IQ eines Teams liegt oft unter 100 – obwohl, oder gerade weil, der durchschnittliche IQ der einzelnen Mitglieder bei 120 liegt.

Mit dem Ansatz Systemic Team Coaching (STC) von Peter Hawkins wird der Blick auf Coaching noch einmal erweitert und darauf werde ich im vorletzten Kapitel stärker eingehen.

5

Transformation, VUKA-Welt und New Work: Warum Führungskräfte neue Kompetenzen brauchen

Zusammenfassung Wir leben in einer Zeit, von der manchmal gesagt wird, dass der Wandel die einzige Konstante ist. In diesem Kapitel möchte ich beschreiben, wie relevant es ist, sich auf diese Geschwindigkeit des Wandels neu einzustellen. Konzepte und Kompetenzen, die uns in eher kontinuierlichen Zeiten erfolgreich gemacht haben, können jetzt eher hinderlich sein.

5.1 Hybride Organisationen

Der Begriff der hybriden Organisation wurde entwickelt, um eine Realität zu beschreiben, bei der zwei ganz unterschiedliche Anforderungen an eine Organisation gestellt werden. Wie bei einem Hybridauto gibt es auch bei einer hybriden Organisation zwei verschiedene Komponenten, die sich grundlegend voneinander unterscheiden und für

A. Klimek, *Der Leaders Coaching Circle*, Fit for Future, https://doi.org/10.1007/978-3-658-49304-2_5

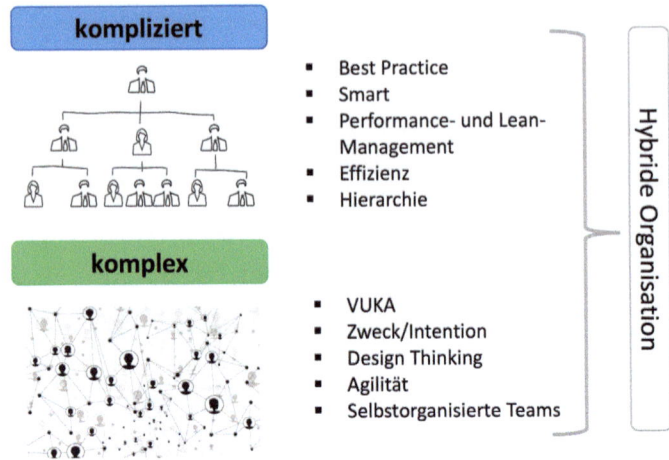

Abb. 5.1 Zwei Ebenen der Realität

ganz bestimmte Aufgaben und Herausforderungen nützlich sind (vgl. Abb. 5.1).

Organisation müssen Antworten auf alle regulatorischen, technischen und planbaren Herausforderungen finden. Dazu können Fragen gehören wie: Welches Produkt wollen wir wann auf den Markt bringen? Wie planen und strukturieren wir seine Entwicklung? Welche Regularien müssen wir beachten? Wie starten wir die Marketingaktivitäten? Wann soll der Vertrieb eingebunden werden? Auf dieser Ebene können die meisten Organisationen auf einen reichen Erfahrungsschatz aus vergangenen Projekten zurückgreifen. Das alles gut zu orchestrieren, ist eine Herausforderung, aber machbar. Und alle Mitarbeiterinnen und Mitarbeiter sowie Führungskräfte, die mit diesen Themen vertraut sind, haben sich das nötige Knowhow und die erforderlichen Kompetenzen oft schon im Studium oder der Ausbildung und dann vor allem im Arbeitsprozess angeeignet. Wie in Kap. 2 „Mindset und

Wirklichkeitskonstruktion" beschrieben, haben sich sowohl individuell als auch im Team bestimmte Routinen und Gewohnheiten im Wahrnehmen, Denken und Handeln herausgebildet. Es sind Überzeugungen und Filter entstanden, Konstrukte und Mindset, wie mit solchen Situationen umgegangen wird.

Lange Zeit war diese Art des unternehmerischen Umgangs in der Regel ausreichend. Man kannte sein Marktumfeld, seine Wettbewerber, hatte belastbare Daten über Kundenwünsche und konnte die zukünftige wirtschaftliche Situation einigermaßen gut einschätzen. In einer solchen relativ stabilen Situation kann unser Gehirn, wie in Kap. 2 beschrieben, seine Stärken ausspielen, indem es auf Routinen und Best Practice zurückgreift.

Zu dieser recht stabilen Situation ist in den letzten Jahren Unruhe gekommen, die ein grundsätzlich anderes Vorgehen erfordert. Die Globalisierung hat Wettbewerber auf den Plan gerufen, die unter ganz anderen Bedingungen agieren. Durch den technologischen Fortschritt konnten Menschen plötzlich weltweit vernetzt zusammenarbeiten, was zu einer immensen Beschleunigung der Entwicklungszyklen führte. Künstliche Intelligenz (KI) schafft ganz neue Möglichkeiten. Gleichzeitig entwickelten sich neue Ansprüche an Arbeit und Arbeitsbedingungen. Die Anreize von früher funktionieren nicht mehr. Und dann kamen mit Corona, dem Ukrainekrieg und den instabilen politischen Rahmenbedingungen wie aus dem Nichts Faktoren hinzu, mit denen kaum jemand gerechnet hatte.

Weiter oben habe ich erwähnt, dass in den nächsten sieben Jahren eventuell mehr Innovationen entstehen werden als in den letzten 100 Jahren. Eine Entwicklung von 100 Jahren umfasst drei Generationen. Das ist ein Zeitraum, der für die Fähigkeiten unseres Gehirns, sich in einer kontinuierlichen Welt zurechtzufinden, durchaus machbar ist. Für die neue Dynamik brauchen wir etwas anderes.

5.2 Die VUKA-Welt und Disruptionen – Ambidextrie als mögliche Antwort

VUKA steht für Volatilität, Unsicherheit, Komplexität und Ambiguität. VUKA ist das Akronym für eine Epoche, in der in vielen Bereichen disruptive Veränderungen zu beobachten sind. Eine Disruption hat zur Folge, dass bestehende Strukturen und Prozesse aufgebrochen und unter Umständen zerstört werden. Der Begriff VUKA wurde erstmals in den 1990er-Jahren vom U.S. Army War College nach dem Kalten Krieg geprägt. In dieser Zeit war die Welt nicht mehr durch klare und stabile Machtstrukturen gekennzeichnet, sondern es entstanden dynamische und teilweise chaotische Neuordnungen. Es ist eine Phase der Unsicherheit, die sich schnell ändert (Volatilität), in der es eine unüberschaubare Menge an Einflussfaktoren gibt (Komplexität), die sich teilweise gegenseitig beeinflussen und in der ein „Sowohl-als-auch" (Ambiguität) teilweise realitätsnäher ist als ein eindeutiges „Entweder-oder". Hybride Organisationen würden von sich behaupten, dass diese zweite Welt einen großen Teil ihrer Realität ausmacht. Disruptive Veränderungen kommen aber auch immer mehr durch die Einbeziehung von KI ins Spiel. Was wird in fünf oder zehn Jahren von Algorithmen erledigt, was heute noch von Menschen gemacht wird?

Vielleicht wird durch diese Beschreibung klar, dass man mit dem „planerischen Mindset" in dieser VUKA-Zeit wahrscheinlich nicht sehr weit kommt. Es braucht ein Mindset, das flexibel ist, das beobachtet, ausprobiert und vielleicht auch schnell wieder umsteuert, das in der Lage ist, Menschen in dieser sich verändernden Umgebung und Zeit zu zentrieren und zu beflügeln, das in der Lage ist, die Intelligenz (Schwarmintelligenz) unterschiedlicher Teams zu nutzen und sich nicht auf die Weisheit einer erfahrenen Führungskraft zu verlassen. Und es braucht die Fähigkeit, die eigenen Denkmuster zu erkennen und kritisch zu hinterfragen, ob diese Denkmuster für die zu lösende Herausforderung angemessen sind.

In der Führungskräfteentwicklung hat sich der Begriff Ambidextrie (Beidhändigkeit) durchgesetzt, um Führungskompetenz in diesem hybriden Kontext zu beschreiben. Die Führungskraft muss mit beiden Welten umgehen können. Sie muss verschiedene Vorgehensweisen nutzen und unterschiedliche Logiken verstehen können. Und sie muss spüren, mit welcher „Hand" sie welche Herausforderung angehen soll.

Die erste Welt ist die Welt des Managements. Wahrscheinlich ist der Grad des Wissens und der Erfahrung, um damit umgehen zu können, für jede Führungskraft recht hoch. In den letzten Jahren haben sich neue Ansätze und Methoden entwickelt, um auf Komplexität zu reagieren, z. B. agiles Arbeiten, der Aufbau von selbstorganisierten Teams, Design Thinking, die Orientierung an einem Purpose etc. Ein Blick darauf kann für viele Führungskräfte sehr wertvoll sein. In diesem Buch möchte ich eine weitere Quelle integrieren, die Quelle des Coachings. Damit meine ich nicht, dass sich jede Führungskraft, die sich in hybriden Kontexten befindet, einen Coach suchen sollte. Sondern ich meine, dass Coaching ein praktisches Vorgehen ist, das sich mit Veränderungen und Transformationen beschäftigt. Und in den meisten dieser Veränderungsprozesse und Transformationen ist VUKA im Kern enthalten. Ich habe dieses Buch und auch den Leaders Coaching Circle mit der Frage konzipiert: „Was können Führungskräfte von den Coaching-Wissenschaften lernen und nutzen, um Ambidextrie zu praktizieren?"

6

Führungskraft als Coach: Was Executive Coaching über Transformation und Führung weiß

Zusammenfassung Dieses Kapitel bietet an, Coaching neu zu betrachten und sich nicht nur auf die äußere Form von Coaching zu konzentrieren. Executive Coaching findet als ein vertrauliches Gespräch zwischen einem Coach und einer Führungskraft statt, um die Coachee mit ihren Herausforderungen zu unterstützen. Ferner hat das gemeinsam gesammelte Wissen von Coaches und die Integration neuster Erkenntnisse der Neurowissenschaften, der Psychologie, der Kommunikationswissenschaften, der Systemtheorie ein Grundlagenverständnis entstehen lassen, wie Veränderung und Transformationen als Human Side of Change beim Menschen funktionieren können.

© Der/die Autor(en), exklusiv lizenziert an Springer Fachmedien
Wiesbaden GmbH, ein Teil von Springer Nature 2025
A. Klimek, *Der Leaders Coaching Circle,* Fit for Future,
https://doi.org/10.1007/978-3-658-49304-2_6

6.1 Der Weg von der Human Potential Movement zum Coaching

Coaching hat sich in den letzten 40–50 Jahren immer mehr zu einem eigenständigen Ansatz entwickelt, um Menschen in herausfordernden Situationen zu unterstützen. Eine der Wurzeln von Coaching ist die Human Potential Movement, die in den 1960er-Jahren in den USA entstand. Es war die Zeit, in der in verschiedenen Formen versucht wurde, sich aus einer starren Autoritätsgesellschaft zu befreien. Die humanistische Psychologie mit Vertretern wie Carl Rogers, Abraham Maslow, Fritz Perls, Victor Frankl bot einen für die damalige Zeit innovativen Rahmen, um verborgene Möglichkeiten und Potenziale im Menschen zur Entfaltung zu bringen. Die Human Potential Movement beschäftigte sich unter anderem mit der Frage, wie die Methoden der Psychotherapie nicht nur für die Behandlung psychischer Erkrankungen, sondern auch für ein bewusstes psychisches Wachstum gesunder Menschen eingesetzt werden könnten.

Aus diesen Anfängen entwickelte sich eine Vielzahl innovativer Psychotherapieformen wie Gestalttherapie, Familientherapie, körperorientierte Ansätze wie Bioenergetik, HAKOMI, IBP, Systemische Therapie, lösungsorientierte Ansätze und viele mehr. All diese Ansätze, die in den 1970er- und 1980er-Jahren auch ihren Weg nach Deutschland fanden, richteten sich in erster Linie an neugierige und gesunde Menschen, die über ihre bestehenden Konstrukte, über ein eingefahrenes Mindset hinausgehen wollten.

Um die Jahrtausendwende wurde der Fokus auf den einzelnen Menschen in seiner beruflichen Entwicklung in Organisationen immer wichtiger. Bis dahin waren Themen wie Mitarbeiterinnen- oder Führungskräfteentwicklung und werteorientierte Führung wenig verbreitet. Um das Wissen und die Erfahrungen der Human-Potential-Bewegung an die organisationale Realität anzupassen, wurde der Begriff Coaching anstelle von Therapie verwendet, der eher mit „krank sein" assoziiert wurde. Mit dem aufkommenden Erfolg von Coaching wurden in der Folge die ersten Coaching-Berufsverbände gegründet. Ihr Ziel war es, die neue Disziplin weiter zu professionalisieren. Aber bis heute ist es nicht gelungen, Coaching als Profession zu standardisieren. Jeder kann sich Coach auf die Visitenkarte schreiben, egal ob er eine entsprechende Fortbildung absolviert hat oder nicht. Wenn ich in diesem Buch von Coaching spreche, dann meine ich Business Coaching oder Executive Coaching. Es gibt viele andere Arten von Coaching, aber diese sind für unseren Kontext nicht so relevant.

Coaching findet seinen Weg in eine Organisation meist über die Personalabteilung und wird in der Regel eingesetzt, um Führungskräfte bei der Bewältigung schwieriger Herausforderungen zu unterstützen. Dabei wird Coaching nicht als Training, Beratung, Mentoring oder Psychotherapie verstanden. Vielmehr wird gemeinsam mit dem Coachee eine Herausforderung oftmals durch verschiedene Fokusse betrachtet. Das wären der Fokus auf

- die äußere Herausforderung: Was genau macht die Situation schwierig? Wer ist involviert? Was wurde bereits versucht?
- den Coachee: Welche Kompetenzen und Fähigkeiten sind vorhanden, die in der Situation helfen könnten? Welche Ressourcen gibt es und welche Erfahrungen wurden in ähnlichen Situationen gemacht?
- das Wechselspiel zwischen Person und Rolle: Welche Erwartungen werden an die berufliche Rolle gestellt und wie passt das zu den persönlichen Werten und Motiven.

- die Beziehung zwischen Coachee und Herausforderung: Hier spielen alle Faktoren eine Rolle, die ich in Kap. 2 zum Mindset beschrieben habe. Wie wird eine Herausforderung erlebt? Welche Gefühle löst die Situation aus? Mit welcher Einstellung wird die Schwierigkeit angegangen?

Jeder Coach hat sein eigenes Verständnis und kann andere Schwerpunkte setzen. Generell kann man aber sagen, dass die meisten Coachees es als große Bereicherung empfinden, mit einer neutralen Person, die in der Regel nicht in der gleichen Organisation angestellt ist, offen und vertraulich über persönliche Herausforderung zu sprechen. Man kann ohne negative Konsequenzen z. B. auch mögliche Ängste, Selbstzweifel, Überforderungen benennen, was man mit Kollegen und Vorgesetzten meist nicht tun würde. Und man kann von sich aus neue Alternativen ausprobieren und Fehlversuche offen benennen und analysieren. Für jemanden, der ein solches Coaching bisher nicht erlebt hat, ist es oft schwer vorstellbar, dass sich allein durch ein Gespräch mit einer „fremden" Person etwas grundlegend ändern sollte.

Mittlerweile kann man feststellen, dass in vielen Organisationen Coaching ein fester Bestandteil zur Personalentwicklung ist, aber es wird nur indirekt zur Bearbeitung von geschäftlichen Herausforderungen gesehen oder zur Weiterentwicklung der Organisation als Ganzes. Das Mindset, mit dem die meisten Organisationen auf Coaching blicken, könnte so formuliert werden: „Coaching hilft Mitarbeitenden, sich in für sie herausfordernden Situationen mithilfe eines neutralen Coaches persönlich kritisch zu hinterfragen und alternative Formen des Umgangs mit den Herausforderungen zu entwickeln. Nach einem

Coaching sind die Mitarbeitenden in der Regel besser in der Lage, mit den als herausfordernd erlebten Situationen umzugehen." Das ist eine Win-win-Situation. Eine solche Sicht auf Coaching hat den Einsatz von Coaching zu einer Erfolgsgeschichte werden lassen. Man stelle sich aber einmal vor, in einer Organisation würde Coaching zusätzlich mit folgender Brille betrachtet: „Wir stehen gerade vor einer großen geschäftlichen Herausforderung. Lass uns mithilfe von Coaching dafür sorgen, dass wir diese Herausforderung nicht mit unserem gewohnten Mindset und unseren bekannten Routinen angehen. Sondern lass uns die bestmögliche Version von uns „erwecken", um dann mit einem neuen, klareren, erweiterten und innovativeren Blick auf die Herausforderung zu schauen und mit ihr umzugehen."

Mit dieser zweiten Brille kann Coaching ein ganz anderes Potenzial für Organisationen freisetzen. Und während man bei der ersten Brille natürlich vom Coach spricht, könnte man bei der zweiten Brille eher allgemein von Coaching sprechen. Die erste Brille erfordert eine neutrale und externe Unterstützung, und es ist schwer vorstellbar, dass ein solches Coaching von einer „Führungskraft als Coach" durchgeführt werden kann. Anders verhält es sich mit der zweiten Brille. Hier geht es darum, mittels des Verständnisses, der Methoden, Techniken und der Haltung des Coachings förderliche Impulse in die Organisation zu setzen. Dies kann selbstverständlich von einem erfahrenen Coach übernommen werden. Ein enormes Potenzial entsteht jedoch, wenn auch Führungskräfte diese Ansätze verstärkt für die Herausforderungen des täglichen Kerngeschäfts nutzen. Die „Führungskraft als Coach" kann hier einen zusätzlichen Mehrwert schaffen.

6.2 Coaching-Formate

Ausgehend von der Beschreibung im letzten Kapitel zu hybriden Organisationen lassen sich Herausforderungen in diesem hybriden Kontext entlang von zwei Spannungsfeldern einordnen. Einerseits steht das Spannungsfeld, das sich aus der Kompliziertheit bzw. der Komplexität des Kontextes ergibt. Diese folgen jeweils sehr unterschiedlichen Logiken. Und andrerseits gibt es das Spannungsfeld zwischen den Zielen der Organisation und den Bedürfnissen und Erwartungen der Mitarbeitenden. Entlang dieser beiden Achsen lassen sich folgende Herausforderungen unterscheiden (Abb. 6.1):

- Aufbau der richtigen und notwendigen Fähigkeiten und Kompetenzen;
- Mitarbeitende mittel- und langfristig entwickeln;
- sicherstellen, dass die Leistungen erbracht werden, um Ziele zu erreichen;
- Mitarbeitende durch schwierige Phasen begleiten;

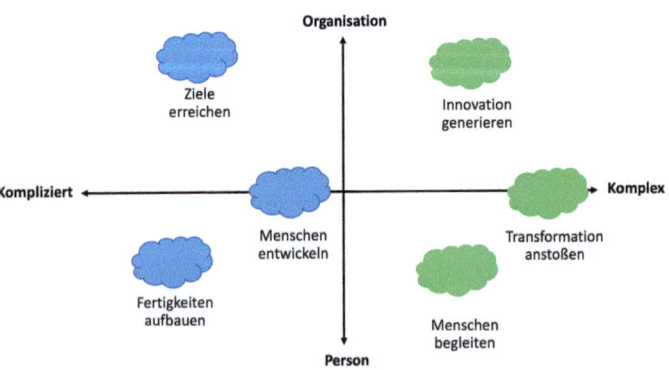

Abb. 6.1 Herausforderungen im hybriden Kontext

- Transformationen bis auf die Mindset-Ebene initiieren und durchführen;
- Grundlagen schaffen, damit bei Bedarf echte Innovationen generiert werden.

In der Begleitung von Führungskräften und Teams bei diesen Herausforderungen hat sich zunehmend gezeigt, dass unterschiedliche und angepasste Formen von Coaching hilfreich sind. Kompetenzentwicklung geht anders als Leistungssteigerung oder Innovationsgenerierung. Dieses Anderssein zu beschreiben, ist Inhalt des nächsten Kapitels. Wir werden im Folgenden näher auf folgende Coaching-Formate eingehen:

Skills Coaching – Fähigkeiten entwickeln und Lernen gestalten
Der Erfolg einer Organisation hängt maßgeblich davon ab, ob ihre Mitarbeitenden über die notwendigen Fähigkeiten, Kenntnisse und Kompetenzen verfügen.

Performance Coaching – Ziele erreichen und Leistung optimieren
Neben Kompetenzen beeinflussen auch weniger greifbare Faktoren die Leistungsfähigkeit. Dazu zählen Motivation, eine offene Kommunikationskultur, effektive Zusammenarbeit, ein konstruktiver Umgang mit Fehlern und gezielte Unterstützung.

Development Coaching – individuelle Entwicklung fördern und Perspektiven eröffnen
Mitarbeitende wollen oftmals nicht nur an Leistungen gemessen, sondern auch in ihrer persönlichen und beruflichen Entwicklung ernst genommen werden.

Personal Coaching – ganzheitliche Begleitung von Mitarbeitenden

Nachhaltige Leistungsfähigkeit setzt voraus, dass sich Mitarbeitende als Individuen wertgeschätzt und unterstützt fühlen. Insbesondere bei größeren Herausforderungen wird deutlich, dass jeder Mensch anders darauf reagiert und entsprechend individuell begleitet werden sollte.

Transformational Coaching – fundamentale Veränderungsprozesse begleiten

Je länger eine Tätigkeit ausgeübt wird, desto mehr Routinen entstehen – im positiven als auch im negativen Sinne. Neurowissenschaftliche Erkenntnisse zeigen, dass sich Gelerntes in den neuronalen Netzwerken des Gehirns verankert. Veränderungen erfordern nicht nur den Mut, Neues auszuprobieren, sondern auch bewusste Reflexion und Einübung neuer Denk-, Wahrnehmungs- und Handlungsmuster.

Emergent Coaching – Innovationen durch Ko-Kreation ermöglichen

Je dynamischer sich Rahmenbedingungen entwickeln, desto höher ist der Innovationsdruck. Wirklich neue Ideen und kreative Durchbrüche entstehen meist in einem offenen, unterstützenden Umfeld, das gemeinsames Experimentieren und neugieriges Nachdenken fördert.

Beispiel

Zu Beginn eines Teamcoachings wurde das Konzept der hybriden Organisation mit 6 verschiedenen Herausforderungen vorgestellt und die 7 Führungskräfte gebeten, die 3 relevantesten Herausforderungen zu benennen:

- Transformationen anstoßen: 7 von 7
- Innovationen generieren: 6 von 7
- Mitarbeitende entwickeln: 5 von 7

- Kompetenzen aufbauen: 2 von 7
- Mitarbeitende begleiten: 1 von 7
- Ziele erreichen: 0 von 7

Das Ergebnis der 7 Führungskräfte zeigt deutlich, dass vor allem der Umgang mit komplexen Herausforderungen relevant ist. Bei einer Begleitung von 15 Führungskräften einer Organisation mit 150 Mitarbeitenden war die Fokussierung auf die komplexen Herausforderungen noch deutlicher.
- Mitarbeitende begleiten: 11 von 15
- Transformationen anstoßen: 11 von 15
- Innovationen generieren: 9 von 15
- Ziele erreichen: 6 von 15
- Kompetenzen aufbauen: 5 von 15
- Mitarbeitende entwickeln: 3 von 15

6.3 Habituierungen unterbrechen und Potenziale bewusst nutzen

Die Coaching-Formate fokussieren sich auf die Herausforderungen, vor denen eine Führungskraft steht. Dabei ist es hilfreich, Haltung, Vorgehen und Methodik je nach Situation flexibel anzupassen. Aufgrund der weiter oben beschriebenen Tendenz, die Welt durch „gewohnte Brillen" zu betrachten, kann es lohnend sein, diese inneren Filter mit ihren Habituierungen zu hinterfragen und verborgene Möglichkeiten sowie ungenutzte Potenziale zu entdecken.

Im ersten Schritt geht es darum, sich der unbewusst ablaufenden Gewohnheitsmuster überhaupt bewusst zu werden. Dies gelingt nur, wenn wir lernen, mit gesteigerter Achtsamkeit unser inneres Erleben und unsere automatisierten Gedankenprozesse neugierig und wertfrei zu beobachten. Dabei werden wir feststellen, dass manche Routinen unser Leben erleichtern, andere jedoch eine Vielzahl unerwünschter Nebenwirkungen mit sich bringen.

An dieser Stelle beginnt eine offene und kreative Suche nach Alternativen, ungenutzten Potenzialen und auch zunächst ungewöhnlich erscheinenden Möglichkeiten. Durch eine Art kontinuierlichen mentalen Trainings können wir uns schrittweise aus einengenden Denkmustern befreien. Auf diese Weise stärken wir unsere innere Widerstandskraft und steigern unsere Leistungsfähigkeit, indem wir lernen, neue Wege und Optionen aktiv zu nutzen.

6.4   Systemic Team Coaching (STC)

STC nach Peter Hawkins ist ein integrativer Ansatz, der Teams nicht nur bei ihrer internen Zusammenarbeit unterstützt, sondern sie dabei begleitet, wertvolle Beiträge für ihre wichtigsten externen Stakeholder zu leisten. Peter betont, dass Teams in einem komplexen, dynamischen Umfeld agieren und sich daher ständig in Beziehung zu ihrer Organisation, ihren Kunden, Partnern und der Gesellschaft weiterentwickeln müssen. Ein zentraler Gedanke ist, dass Teams nicht isoliert funktionieren, sondern als Teil größerer Systeme wirken. Ziel ist es, Teams zu befähigen, kollektiv intelligenter, anpassungsfähiger und wirkungsvoller zu handeln. Der Coach arbeitet dabei gleichzeitig auf individueller, Team- und Systemebene und unterstützt Teams, ihre kollektive Verantwortung anzunehmen, ihre Leistung nachhaltig zu steigern und echte systemische Veränderungen zu ermöglichen.

6.5   Der Leaders Coaching Circle verwebt drei Stränge miteinander

Im Mittelpunkt jedes Leaders Coaching Circle steht die Führungskraft mit ihren Herausforderungen. Dies kann im Rahmen einer Fortbildungsreihe mit Führungskräften aus unterschiedlichen Bereichen und/oder Organisationen geschehen. Es kann aber auch ein konkretes Team beglei-tet werden, das gemeinsam ein bestimmtes Ziel erreichen soll. Die inhaltliche und auch prozessuale Ausgestaltung jedes Leaders Coaching Circle variiert je nach dem Kon-text. Es gibt aber drei wesentliche Stränge, die immer wie-der miteinander verwoben werden:

- Der Fokus auf die Herausforderung im hybriden Kon-text und die 6 Formate des Coachings: Hier werden nicht nur die äußeren Bedingungen der Herausfor-derung betrachtet, sondern auch die mentalen Kon-strukte, mit denen eine Führungskraft, ein Team oder auch eine Organisationskultur gewohnheitsmäßig dar-auf reagiert. Dem wird gegenübergestellt, was sich aus Sicht der Coaching-Wissenschaften für den Umgang mit solchen Herausforderungen ableiten lässt.
- Der Fokus auf die Ebene der inneren Dynamik zwi-schen Gewohnheit und Potenzial: Habe ich gelernt, bei solchen Herausforderungen eher aus gewohnten Sicht- und Handlungsweisen heraus zu reagieren oder aus meinen Potenzialen und ungenutzten Möglichkeiten? Letztendlich geht es darum, durch die persönliche Ent-wicklung die eigene Wirksamkeit zu erhöhen.
- Der Fokus auf die Effektivität des Teams: Fast alle Herausforderungen im beruflichen Kontext werden in Zusammenarbeit mit anderen Menschen bewäl-tigt. Deshalb sind die Fragen relevant, ob eine aktuelle Teamleistung grundsätzlich größer ist als die Summe der Einzelleistungen und wie Bedingungen verändert werden können, die gemeinsame Leistung des Teams zu steigern.

Teil II

Der Leaders Coaching Circle in Aktion

7

Coaching-Formate für hybride Organisationen: Development, Performance, Transformation und Innovation meistern

Zusammenfassung In diesem Kapitel werde ich die Herausforderungen innerhalb einer hybriden Organisation und die entsprechenden Coaching-Formate näher beleuchten. Dabei geht es darum, die jeweilige Herausforderung sowohl auf der Ebene der äußeren Gegebenheiten genauer zu betrachten als auch zu untersuchen, wie individuelles Mindset die Wahrnehmung der Realität beeinflusst und zu entsprechenden Herangehensweisen führt. Ferner stelle ich vor, wie man eine solche Herausforderung durch die Erfahrungsbrille des Coachings wahrnehmen könnte und welche Handelsoptionen das ermöglichen würde. Für jedes Format werde ich auf eine spezifische Haltung oder Einstellung hinweisen, die besonders hilfreich für den Umgang mit der entsprechenden Herausforderung sein könnte.

© Der/die Autor(en), exklusiv lizenziert an Springer Fachmedien Wiesbaden GmbH, ein Teil von Springer Nature 2025
A. Klimek, *Der Leaders Coaching Circle,* Fit for Future,
https://doi.org/10.1007/978-3-658-49304-2_7

Beispiel

Das Führungsteam des IT-Bereichs eines international tätigen Logistikkonzerns steht vor einer großen Herausforderung, die eigentlich über die eigene Kernkompetenz hinausgeht. In der Vergangenheit hatten viele Bereiche des Unternehmens, die alle relativ autonom und unabhängig agieren, eigene Lösungen für IT-Themen gefunden, die nicht immer miteinander kompatibel waren. Es gab bereits mehrere größere erfolglose Harmonisierungsversuche. Das Unternehmen hat jetzt eine neue Strategie entwickelt, die durch Umstrukturierungen auf vielen Ebenen umgesetzt werden soll. Dabei spielt ein gemeinsamer IT-Bereich eine wichtige Rolle, der von einem international verteilten IT-Bereich vorangetrieben werden soll.

Die Steuerung eines solchen Veränderungsprozesses stellt für das entsprechende Führungsteam eine besondere Herausforderung dar. Einerseits sind sie fachlich mit sehr anspruchsvollen Themen konfrontiert. Aber mit der gebündelten Fachexpertise des Teams kann man sagen, dass dieser Aspekt zwar kompliziert, aber gleichzeitig auch planbar und umsetzbar ist. Es gibt aber auch die andere Herausforderung, die etwas mit der Veränderung einer bestehenden Kultur zu tun hat, bei der Bereiche über Jahre und teilweise Jahrzehnte ihr „eigenes Ding" gemacht haben. Ein Kulturwandel wird nur dann erfolgreich sein, wenn er in der Regel bis auf der Ebene des Mindsets von einzelnen Mitarbeitenden ansetzt. Und hier geht es um eine Herausforderung, die dem komplexen Kontext zugeordnet werden kann. Und das ist nicht unbedingt die Kernkompetenz eines IT-Bereichs.

Wir haben die Herausforderungen und Formate in hybriden Organisationen in unserer Grafik auf zwei Achsen Organisation und Person sowie kompliziert und komplex ausgerichtet (vgl. Abb. 5.1). Das sieht auf dem Diagramm gut geordnet aus, ist aber in der Realität nicht so klar voneinander abgegrenzt. Viele Eltern wissen zum Beispiel, dass die Entwicklung von Kompetenzen bei ihren Kindern manchmal kompliziert und manchmal komplex ist. Wenn man etwa ein kleines Kind hat, das Fahrrad fahren lernen will, weil einige Freunde es gerade gelernt haben, dann muss man sich einen kleinen Plan machen, vielleicht erst einmal Stützräder an das Fahrrad anbringen und das Fahrrad zusätzlich festhalten, damit sich das Kind sicher fühlt, und mit der Zeit die Unterstützung immer mehr zurücknehmen. Je nach Kind dauert es etwas Zeit, und irgendwann wird das Kind sehr stolz sein, wenn es zum ersten Mal eine Strecke alleine ohne Unterstützung gefahren ist. Man hat das Kind wie ein Skills-Coach begleitet. Es kann sein, dass man einige Jahre später mit demselben Kind wieder eine Lernreise unternehmen will oder glaubt zu müssen, wenn der Ordnungssinn des Kindes, das vielleicht gerade in der Pubertät ist, für sein Zimmer weit entfernt vom eigenen Ordnungssinn ist. Beim Fahrrad hatte man eine klare Vorstellung davon, wie sicheres Fahrradfahren aussehen kann. Beim Zimmer gibt es auch ein klares Zielbild, wie ein aufgeräumtes Zimmer auszusehen hat. Aber diese zweite Fähigkeit dem Kind zu vermitteln, scheint für die meisten Eltern komplex zu sein und viele scheitern daran. Es ist interessant, mit Menschen zu sprechen, deren Kinder inzwischen erwachsen sind und eine eigene Wohnung haben. Es scheint, als hätten die Kinder die Fähigkeit irgendwann doch erlernt, nur nicht zu dem Zeitpunkt, als es den Eltern ursprünglich wichtig war. Die Komplexität des Themas in der Pubertät lag darin, dass es erstens keine klare intrinsische Motivation beim Kind gab, die nur noch unterstützt werden musste, wie es beim Fahrradfahren der Fall war. Und zweitens spielten eventuell noch andere Entwicklungsthemen beim Kind eine Rolle – das Bestreben nach Autonomie und die Fähigkeit, sich abzugrenzen. Deshalb kann Skills Coaching manchmal im Feld kompliziert und manchmal im Feld komplex liegen. Zusätzlich stehen bei den Skills oftmals Organisationsnotwendigkeiten im Vordergrund und manchmal persönliche Wünsche eines Mitarbeitenden.

Bei der Beschreibung der sechs Herausforderungen/ Coaching-Formate möchte ich mit dem komplexen Thema „Menschen in Herausforderungen begleiten – vom Personal Coaching lernen" beginnen, da hier die Grundlagen von Coaching liegen. Alle Kompetenzen und Fähigkeiten, die ein Coach in der Begleitung von Menschen benötigt, sind gleichzeitig die Basis für alle anderen Formate.

Danach werde ich die drei komplizierten Herausforderungen beschreiben, um mich danach auf die in der heutigen Zeit vielleicht wichtigsten Herausforderungen „Transformationen begleiten" und „Innovationen generieren" zu konzentrieren.

7.1   Menschen in Herausforderungen begleiten – vom Personal Coaching lernen

Selbstreflexion

Stell Dir einmal folgende Situation vor: Dein Mitarbeiter kommt aufgebracht zu Dir als Vorgesetzter und berichtet, dass das Projekt, an dem er arbeitet, eigentlich nicht zu schaffen ist. Die Kolleginnen aus den anderen Abteilungen liefern ihre Zuarbeiten nicht in der notwendigen Qualität ab und grundsätzlich ist der Termin für die Fertigstellung viel zu unrealistisch. Neben dem Gehörten weißt Du auch, dass sich der Kollege privat gerade in einer schwierigen Situation befindet. Er muss sich um seine kranke Mutter kümmern und deshalb z. B. während der Arbeitszeit immer wieder telefonieren. Gleichzeitig ist das Projekt strategisch wichtig und kann keinen Aufschub vertragen.

- Welches innere Bild entsteht in Dir, wenn Du Dir dieses Szenario vorstellst?
- Was sind Deine ersten inneren Reaktionen, Impulse, Gefühle?
- Wie wirst Du als Vorgesetzte damit umgehen?
- Was tust Du und was unterlässt Du?

Das, was Du Dir in dieser Situation innerlich vorstellst, entspricht wahrscheinlich Deiner Brille und Deinem Mindset zum Thema „Umgang mit Menschen in schwierigen Situationen im beruflichen Kontext". Diese „Brille" kann eine sehr persönliche sein, aber sie kann auch aus der Unternehmenskultur stammen, in der Du arbeitest, oder aus einem anderen Kontext.

Ist Deine Brille, Dein Mindset eher davon geprägt, dass es sich richtig anfühlt, dem anderen einfach nur Aufmerksamkeit zu schenken und erst einmal zuzuhören? Oder hältst Du es für wichtig, Privates und Berufliches zu trennen? Spürst Du einen Druck, hilfreich sein zu wollen und eine gute Lösung oder einen guten Rat geben zu müssen? Wirst Du innerlich ungeduldig, da der Druck, das Projekt fertigzustellen, zu groß ist und Du keine Zeit und keinen Raum für solche Themen hast?

Während der Corona-Lockdown-Phase teilte eine Führungskraft mir in einem Coaching einmal Folgendes mit: „Ich bin mit meinem Führungslatein wirklich am Ende. Ich brauche die Ergebnisse von meiner Mitarbeiterin Frau M. Gleichzeitig weiß ich, dass sie zwei kleine Kinder zu versorgen hat. Im Lockdown kann sie sich wirklich kaum auf die Arbeit konzentrieren, und in Gesprächen merke ich, wie verzweifelt sie ist. Aber was soll ich tun? Da ich auch keine Lösung habe, reden wir nur noch im wöchentlichen Team-Call miteinander. Sonst vermeide ich Calls mit ihr, da sie immer wieder von ihrer Verzweiflung anfängt und teilweise auch weint."

Gerade im Führungsalltag hat sich oftmals die Meinung durchgesetzt, dass man fokussiert, lösungsorientiert, zielorientiert und effizient kommunizieren sollte. Bei den eng getakteten Terminkalendern von Führungskräften macht das auch viel Sinn. Aber was bedeutet effiziente Kommunikation in Krisen? Effizienz bedeutet, die Dinge richtig zu tun und nicht nur die richtigen Dinge zu tun.

Die Nicht-Kommunikation mit der Mitarbeiterin im obigen Beispiel mag effektiv gewesen sein, weil die Führungskraft keine Zeit verschwendet hat, aber war sie auch effizient, hat sie die bestmögliche Wirkung erzielt? Dies ist stark zu bezweifeln. Die Überzeugung der Führungskraft, das Mindset, eine passende Lösung für die Mitarbeiterin im Lockdown finden zu müssen, ist ein Auslöser dafür, das Gespräch nicht zu führen.

Vom ehemaligen US-Präsidenten Bill Clinton als auch vom geistlichen Oberhaupt der Tibeter, dem Dalai Lama, wurde die Fähigkeit berichtet, dass Menschen sich von ihnen gesehen und verstanden fühlten, auch wenn es nur sehr kurze Interaktionen gab. Folgende Geschichten verdeutlichen dies. Der Dalai Lama ging auf dem Weg zu einem Empfang an der Küche des Veranstaltungsortes vorbei und entschloss sich spontan, entgegen allen Regeln des Protokolls, einfach hineinzugehen. Dort unterhielt er sich kurz mit dem Küchenpersonal. Bill Clinton ging nach einem Interview mit der British Broadcasting Corporation (BBC) in die Garage, in der sein Auto stand, und fing ein Gespräch mit den Fahrern verschiedener anderer Prominenter an. Er stellte sich ihnen mit Handschlag vor und sprach über deren Arbeit. Alle Angesprochenen in beiden Situationen erzählten, dass es sich angefühlt habe, wie mit einem alten Freund zu sprechen, und als ob sie in diesem Moment eine wichtige Person für die beiden gewesen seien.

Was ist hier passiert? Das ist der Unterschied zwischen effektiver und effizienter Kommunikation. Nicht mehr mit der Kollegin zu sprechen, kann effektiv sein, weil man keine unnötige Zeit für ein Gespräch „verschwendet", von dem man glaubt, dass es ohnehin keine Lösung bringt. In der Kommunikation kann man zwischen Handlung und Wirkung unterscheiden. Bill Clinton und der Dalai Lama haben mit ihren kurzen und spontanen Handlungen eine relativ große Wirkung erzielt. Fremde Menschen fühlten sich durch den Kontakt mit ihnen gesehen und wertgeschätzt. Und das ist effizient.

Genau um diese Frage geht es beim Personal Coaching. Wie kann man mit wenig viel erreichen? Carl Rogers, den ich im Abschnitt über die humanistische Wurzel des Coachings erwähnt habe, war ein Meister genau dieser Form. Seine non-direktive Gesprächsführung wurzelt in drei Prinzipien:

- Kongruenz,
- Empathie,
- Akzeptanz.

Kongruenz bedeutet, als Gegenüber echt und authentisch zu sein. Empathie heißt, mit dem Gegenüber mitzufühlen, mitzuschwingen oder auch das Erleben des Gegenübers in sich selbst zu spüren. Akzeptanz vermittelt die Haltung, dass alles, was gesagt und erlebt wird, in Ordnung ist, einfach weil es ist, wie es ist.

Im Personal Coaching können vier Ebenen unterschieden werden: Haltung, Verständnis, Methoden und Techniken.

Haltung In dem Moment, in dem diese drei Prinzipien zur gelebten Selbstverständlichkeit werden, werden sie zu einer inneren Haltung, die alles Wahrnehmen, Denken, Fühlen und Handeln durchdringt. Dann kann man durch sie einfach in Kontakt treten, so wie es der Dalai Lama und Bill Clinton so gut konnten. Im Personal Coaching gibt es noch einen Aspekt der Haltung, der der Ebene des Verstehens entspringt. Es ist die Überzeugung, dass Menschen eine innere Kraftquelle für ihre eigene Entwicklung haben. Es ist die Kraft, die jedes Kind mit auf die Welt bringt und die es innerlich antreibt, laufen zu lernen, eine

Sprache zu erlernen usw. Deshalb spricht man im Coaching von „Hilfe zur Selbsthilfe". Als Coach wirke ich tiefer, wenn ich mich mit eigenen Ideen und Vorschlägen zurücknehme. In dieser inneren Kraft liegt auch das Potenzial, wie Menschen mit schwierigsten Situationen umgehen können. Im Personal Coaching verstehen wir unsere Aufgabe darin, einen Raum zu öffnen und zu halten, der von den Prinzipien Kongruenz, Empathie und Akzeptanz durchdrungen ist. Vielleicht wird hier schon sehr deutlich, dass diese Art von Haltung aus einem anderen Konstrukt, einem anderen Mindset erwächst, als das Verständnis der oben erwähnten Führungskraft, die glaubte, ihrer Mitarbeiterin eine Lösung für ihr Problem im Lockdown anbieten zu müssen.

Verständnis In die Ebene des Verständnisses fließen alle Erkenntnisse der dem Coaching nahestehenden Wissenschaften ein. In der Psychologie beispielsweise gab es Mitte des letzten Jahrhunderts eine kontroverse Auseinandersetzung zwischen dem Behaviorismus und der Humanistischen Psychologie. Der Behaviorismus versuchte, „richtiges" Verhalten durch ein System von Belohnung und Bestrafung zu erreichen. Diese Überzeugung findet sich noch heute in Unternehmen, die mit Bonussystemen gute Leistungen erreichen wollen. Die humanistische Psychologie ging von der „Kraft des Guten" aus, ein Buchtitel von Carl Rogers. Diese innere Kraft steuert unsere menschliche Entwicklung, wenn wir ihr den richtigen Raum geben. Konzepte wie selbstorganisierte Teams, aber auch der Einsatz eines Kanban-Boards sind davon inspiriert. In den letzten Jahren hat die Coaching-Wissenschaft viel Bestätigung und neue Erkenntnisse aus den Neurowissenschaften erhalten. So wissen wir heute sehr genau, dass ein überzeugendes Argument in der Regel nie stark genug ist, um im Gehirn verankerte Gewohnheiten zu verändern. Die Ebene des Verständnisses ist wie ein Brunnen, aus dem man als Coach ein Leben lang schöpfen kann, weil immer wieder etwas Neues entdeckt wird oder etwas Gewohntes in einem neuen Rahmen anders erscheint und wirkt.

Methoden Methoden sind komplexe und dynamische Rahmen, die ein Gespräch oder einen Erkenntnisprozess unterstützen. So kann ein Einzelgespräch nach dem GROW-Modell geleitet werden. Die Abkürzung GROW steht für Goal (Ziel), Reality (Realität), Options (Optionen), Will-Do (nächste Schritte). GROW kann mehr oder weniger in allen Coaching-Formaten verwendet werden und ich werde im nächsten Abschnitt über Development Coaching näher darauf eingehen.

Techniken Techniken umfassen alles, was man in einem Coaching-Prozess tut, um eine Wirkung zu erzielen. Jede Coaching-Richtung hat eine Vielzahl von Techniken entwickelt, die sich oft stark voneinander unterscheiden. Zum Beispiel kann eine SWOT-Analyse verwendet werden, um ein persönliches Thema auf einem Flipchart zu untersuchen. Die Abkürzung SWOT steht für Strengths (Stärken), Weakness (Schwächen), Opportunities (Chancen) und Threats (Risiken). Man kann aber auch versuchen, den Unterschied zwischen einer aktuellen Situation oder Haltung und einer gewünschten Situation oder Haltung mit Achtsamkeit und Präsenz im Hier und Jetzt auf den KEK-Dimensionen (Körper, Emotion, Kognition) zu erforschen. Das KEK-Modell stammt aus dem IBP-Coaching.

Oft werden drei Ebenen für unterschiedliche Techniken unterschieden:

- Rapport,
- Zuhören,
- Fragen stellen.

Rapport

Rapport ist die Fähigkeit, sich auf eine andere Person einzustimmen, wie es der Dalai Lama, Bill Clinton und Carl Rogers meisterhaft verstanden haben. Wenn Rapport entsteht, entsteht das Phänomen, dass sich ein Gegenüber verstanden und wirklich gesehen fühlt. In der Forschung zur frühkindlichen Entwicklung und darauf aufbauend in der Forschung zur Wirkung von Psychotherapie wird der Begriff Bonding verwendet. Es ist die Fähigkeit, sich auf das Erleben eines Gegenübers einzulassen. In der Entwicklungspsychologie wird dadurch die Grundlage für eine gesunde Entwicklung des Kindes überhaupt erst ermöglicht. In der Psychotherapieforschung ist dies einer der wichtigsten Faktoren für nachhaltige Wirkung. Mehr noch als alle Techniken und Methoden. Und auch von der Führungsforschung wissen wir um die Bedeutung einer Führungskraft, die sich wirklich auf Mitarbeitende einlassen kann. Ein äußerst relevanter Faktor, warum Mitarbeitende eine Organisation verlassen, liegt in der Tatsache begründet, dass eine Führungskraft diesen Rapport nicht aufbauen kann.

In einem kleinen Video (https://www.youtube.com/watch?v=Pagl1zg0j4A) aus der Physik kann man die „Fernwirkung" von Rapport gut veranschaulichen. In dem Video wird das Prinzip der Resonanz demonstriert:

- Eine Stimmgabel mit 512 Hz wird angeschlagen, während eine zweite, die direkt danebensteht und 440 Hz hat, unbeeinflusst bleibt.
- Wird jedoch eine Stimmgabel mit ebenfalls 440 Hz angeschlagen, beginnt die zweite automatisch mitzuschwingen.
- Durch die Schwingungen bewegt sich sogar eine kleine Kugel, die an einer Schnur hängt und an der Stimmgabel mit 440 Hz angelehnt ist.

- Das Experiment zeigt, dass Schallwellen Resonanzen erzeugen können, wodurch Schwingungen ohne direkte Berührung übertragen werden.
- Kurz gesagt: Gleiche Frequenzen verstärken sich gegenseitig – unterschiedliche nicht. Und das kann man hervorragend auch auf die Resonanz bei Gesprächen beziehen.

Um sich als Führungskraft dem Thema Rapport zu nähern, kann man sich selbst (hinter)fragen:

- Bin ich im Gespräch mit meinem Gegenüber wirklich präsent?
- Kann ich spüren, was meinem Gegenüber gerade wirklich wichtig ist?
- Habe ich gerade alle meine Themen innerlich gut geparkt, sodass ich mich wirklich auf dieses Gespräch einlassen kann?
- Kann ich gerade wahrnehmen, was in mir und bei meinem Gegenüber auf den Dimensionen KEK (Körper, Emotion, Kognition) passiert?

Zuhören

Viele Gespräche im beruflichen Kontext, aber auch in anderen Bereichen, scheinen oft so zu sein, dass es den Gesprächspartnern mehr um das geht, was sie selbst sagen wollen, als um das, was das Gegenüber mitzuteilen hat. Die eigenen Gedanken und Vorstellungen scheinen wichtiger zu sein. Deshalb wird bei der Beschreibung der Ebenen des Zuhörens das „Downloading" auch als erste Ebene beschrieben, obwohl es eigentlich keine wirkliche Fähigkeit des Zuhörens ist, aber es ist weitverbreitet. Folgende vier Ebenen des Zuhörens können unterschieden werden:

- Downloading – die eigenen Ideen und Gedanken zu einem Thema schnell einbringen wollen.

- Faktenfokus – der Inhalt des Gesagten steht im Vordergrund der Aufmerksamkeit.
- Empathisches Zuhören – nicht nur auf das Was, sondern vor allem auf das Wie wird geachtet. Wie geht es der Person, wenn sie etwas sagt?
- Generatives Zuhören – die eigenen subtilen Reaktionen auf das vom Gesprächspartner Gesagte werden wahrgenommen und in förderlicher Weise zurückgespiegelt.

In der Regel stellt sich das Gefühl des Verstandenwerdens beim Gegenüber auf der Ebene des empathischen Zuhörens ein. Das konkret inhaltlich Gesagte ist wie die Spitze eines Eisberges, man kann es sehen, es benennen, man kann zustimmen oder sich daran reiben, aber wie bei einem Eisberg im Meer liegt der größte Teil unter der Wasseroberfläche und verbindet sich mit allem, was einen Menschen ausmacht. Empathisches Zuhören öffnet sich für diesen Bereich und deshalb fühlt sich ein Mensch als Mensch gesehen und verstanden. Menschen, die dies sehr gut können, wie der Dalai Lama und Bill Clinton brauchen nur kurze Momente, um diese Verbindung herzustellen. Nimm Dir einmal einen Moment Zeit und lasse verschiedene Kommunikationsmomente in Deinem beruflichen Kontext Revue passieren. In welchen Momenten hattest Du Dich gut verstanden gefühlt? Was hat es dafür vom Gegenüber gebraucht?

Ausgehend von diesem Sich-verstanden-Fühlen geht man in wirklich guten Gesprächen oft noch einen Schritt weiter. Wenn wir uns verstanden fühlen, dann fühlen wir uns in der Regel innerhalb unserer Konstrukte, unseres bestehenden Mindsets verstanden. Eine weiterführende, gelungene Kommunikation zeichnet sich aber zusätzlich dadurch aus, dass man über das Bekannte hinausgeht. Man lernt etwas Neues für sich, über sich oder über etwas anderes. Und hier spielt das generative Zuhören eine wesentliche Rolle. In einem empathisch geführten Gespräch kann es sein, dass dem Zuhörenden beim Zuhören eine ganz eigene Idee, ein inneres Bild, ein Gefühl usw. kommt. Dies ist keine Information, die schon vorher da war, und ist daher kein „Downloading". Wenn dieses innere Geschehen in den Kommunikationsprozess einfließen kann, dann berührt es oft die Ebene des noch Unbekannten im Erzählenden. So kann es zu einer Erkenntnis und grundlegenden Veränderung beim Gegenüber führen. Man kann sagen, dass es einem AHA-Moment oder einer Erkenntnis egal ist, wie sie entsteht. In guten Gesprächen entsteht dies oft nicht in einer Person, sondern im feinen kommunikativen Tanz zwischen den Beteiligten und wird von einer Person zuerst wahrgenommen.

Fragen stellen

In der Regel stellen wir Fragen, um etwas zu erfahren, und mit der Antwort wissen wir am Ende etwas mehr. Sei es über ein Thema, wie es einer Person geht, wovon sie überzeugt ist, was sie getan hat oder noch tun möchte. Im Personal Coaching und auch in den anderen Coaching-Formaten, die sich mit der komplexen Wirklichkeit beschäftigen, ist dieser Aspekt der Fragen von geringerer Bedeutung. Im Vordergrund steht hier die Möglichkeit, durch Fragen einen Erkenntnisprozess beim Gegenüber auszulösen.

Es gibt eine kleine Geschichte aus dem Orient zur Illustration. Ein Schüler auf dem spirituellen Weg fragte seinen spirituellen Lehrer: „Was ist der Sinn des Lebens?" Als Antwort erhielt der Schüler vom Lehrer eine Ohrfeige, die ihn sehr verwirrte. Am Abend beschwerte er sich bei einem befreundeten älteren Schüler, der schon viel länger bei dem Lehrer war, über das unmögliche Verhalten des Gurus. Der ältere Schüler lächelte milde und antwortete: „Ich glaube, unser Lehrer wollte dich darauf aufmerksam machen, dass du eine wichtige Frage nicht durch eine oberflächliche Antwort ersetzen solltest."

Es gibt verschiedene Arten von Fragen, die unterschiedliche Aspekte des Nachdenkens und damit der Erkenntnis auslösen können. Eine der bekanntesten ist die Unterscheidung zwischen offenen und geschlossenen Fragen. Eine geschlossene Frage kann in der Regel mit Ja oder Nein beantwortet werden: „Hast du x oder y schon ausprobiert?" „Hat der andere darauf reagiert?" Offene Fragen wären zum Beispiel: „Was ist passiert, als du x oder y ausprobiert hast?" „Wie war die Reaktion des Gegenübers?"

Um den Denk- und Erkenntnisprozess noch besser zu unterstützen, kann man die Frage noch weiter differenzieren. Man kann unterscheiden:

1. zirkuläre Fragen,
2. skalierende Fragen,
3. hypothetische Fragen,
4. paradoxe Fragen,
5. lösungsorientierte Fragen/ressourcenorientierte Fragen.

Zirkuläre Fragen setzen den Reflexionsprozess des Gegenübers in Gang. Sie regen dazu an, die Position eines Beobachters bzw. einer dritten Person einzunehmen.

Beispiele:

- „Wie würde sich dein Freund in dieser Situation fühlen? Was würde er tun oder nicht tun?"
- „Wie würde deine Kollegin diese Situation sehen?"
- „Wie würde jemand, den du sehr schätzt und der wie ein Vorbild für dich ist, auf diese Veränderungen reagieren?"
- „Was würde deine Vorgesetzte sagen, wenn du dich in dieser Situation anders positionieren würdest?"

Skalierungsfragen messen das subjektive Erleben (z. B. Motivation, Zufriedenheit, Erfolgsaussichten usw.). Eine mögliche Skala könnte beim Wert 0 beginnen und beim Wert 10 enden. Skalierende Fragen drücken den Status quo aus und ermöglichen eine Überprüfung, ob sich im Verlauf des Coachings etwas verändert hat.

Beispiele:

- „Auf einer Skala von 0 bis 10: Wie zufrieden bist du mit der Situation?"
- „Auf einer Skala von 0 bis 10: Wie zuversichtlich bist du, dass du diese Entscheidung umsetzen wirst?"
- „Auf einer Skala von 0 bis 10: Wie wahrscheinlich ist es, dass das Projekt zum vereinbarten Zeitpunkt abgeschlossen sein wird?"
- „Auf einer Skala von 0 bis 10: Wie stressig ist diese Arbeit für dich?"

Hypothetische Fragen dienen dazu, mögliche Handlungsoptionen oder Lösungsansätze gedanklich durchzuspielen. Die Fragen werden im Konjunktiv gestellt, um die Kreativität anzuregen. So kann der Coachee entscheiden, ob diese hypothetischen Szenarien wünschenswert sind.

Beispiele:

- „Wenn du das Problem nicht löst, was wären die Konsequenzen?"
- „Was wäre, wenn sich das Problem in Luft auflösen würde?"
- „Was wäre für dich der Idealzustand?"
- „Was wäre, wenn du dich plötzlich nicht mehr über deine Kollegin aufregen würdest?"

Paradoxe Fragen übertreiben in der Regel eine als schwierig empfundene Situation. Man kann zum Beispiel fragen, wie ein bestimmtes Projekt komplett scheitern könnte. Paradoxe Fragen eignen sich, wenn Situationen als ausweglos empfunden werden. Solche Fragen können zu einer wertvollen (Gegen-)Reaktion führen.

Beispiele:

- „Was müsstest du tun, damit das Projekt komplett scheitert?"
- „Was müsstest du noch mehr machen, um einen Burnout zu bekommen?"
- „Was müsstest du unterlassen, um das Problem zu verschlimmern?"
- „Was müsstest du sagen, damit der Konflikt eskaliert?"

Lösungsorientierte Fragen heben vorhandene Ressourcen und Lösungsmöglichkeiten für die jeweilige Herausforderung hervor. Diese Fragen lenken das Gespräch in eine angenehme und positive Richtung, wobei verborgene Fähigkeiten und Möglichkeiten entdeckt werden können.

Beispiele:

- „Was ist anders, wenn es gut läuft?"
- „Was muss passieren, damit es öfter so gut läuft?"
- „Wer könnte dir dabei helfen?"
- „Welche deiner Fähigkeiten sind hier besonders wertvoll?"
- „Welche ähnlichen Herausforderungen hast du in der Vergangenheit bewältigt? Und wie?"

Obwohl wir Menschen in der Regel ständig mit anderen Menschen kommunizieren, ist gelungene Kommunikation keine Selbstverständlichkeit. Wenn es darum geht, mit jemandem zu kommunizieren, der sich in einer schwierigen Situation befindet, kann eine gelungene Kommunikation den entscheidenden Unterschied machen. Umgekehrt

kann eine nicht unterstützende Kommunikation die erlebte Situation noch verschlimmern. Gerade als Führungskraft ist dies nicht nur für die Mitarbeiter/innen wichtig,
sondern auch für den Erfolg des eigenen Teams und damit
als Beitrag auch für die Organisation.

Um einen klareren Fokus auf die unterstützende Kommunikation zu legen, kann das bisher Gesagte im Modell
des AAO-Geschenks zusammengefasst werden. Das AAO-
Geschenk wurde von Maja Storch und Wolfgang Tschacher (2001) entwickelt, um eine leichte Eselsbrücke zu
bauen, bei der man sich selbst als guten Gesprächspartner
dem Gegenüber als Geschenk anbietet.

AAO steht für:

- **A:** auf drei Elemente **aufmerksam** zu achten:

  - auf die Situation,
  - auf die eigenen inneren Reaktionen,
  - auf die innere Welt des anderen.

- **A:** die Augen öffnen: Als visuelle Wesen, die viele Informationen aufnehmen, ist es wichtig, sich darauf bewusst einzustellen. Sei offen und bereit zu sehen und
  gesehen zu werden.
- **O:** Ohren öffnen: aufmerksames Zuhören und so Vertrauen schaffen.

Ich habe das Format des Personal Coaching als einen Ansatz eingeführt, um Menschen durch Krisen oder Veränderungsprozesse zu begleiten. Aber stell Dir einmal vor, wenn
die Kollegen und Kolleginnen in Deinem Team, Bereich
oder Unternehmen die Grundkompetenzen vom Personal
Coaching besitzen würden. Was würde passieren, wenn sie
sich gut auf ihr Gegenüber einstellen könnten, empathisch
und generativ zuhören und mit verschiedenen Fragetechniken eine Gesprächssituation oder eine Teamsitzung zu

neuen Erkenntnissen und gegenseitigem Verständnis führen könnten?

Diese Basiskompetenzen können im Führungs- und Berufsalltag an vielen Stellen eine große Bereicherung darstellen, z. B. indem man sich immer wieder fragt, wann das AAO-Geschenk eine positive Wirkung entfalten könnte. Es eröffnet die Möglichkeit, unsere gewohnten Konstruktionen, wie wir „normalerweise" in solchen Kommunikationssituationen agieren, bewusst zu verlassen.

Potenzial nutzen
Und in jedem der 6 Coaching-Formate kann die bewusste Fokussierung auf ein bestimmtes inneres Potenzial oder eine Qualität den Unterschied machen. Im Personal Coaching ist dies die Empathie. In einem guten und hilfreichen Gespräch mit jemandem, dem es gerade nicht gut geht, braucht es meist nicht mehr als Empathie, Wohlwollen und Mitgefühl. Bei echter Empathie begegne ich einem anderen Menschen einfach als Mensch. Ich kann spüren, wie es meinem Gegenüber geht, ich bin einfach mitfühlend präsent und gebe Raum und Zeit, dass sich innere Prozesse von innen und von selbst heraus bewegen können. Das funktioniert aber nur, wenn ich meine eigenen Themen für den Moment zurückstellen kann. Und das ist in vielen Situationen im Berufsalltag nicht so einfach.

> **Beispiel**
>
> Am Anfang dieses Kapitels habe ich von der Führungskraft berichtet, die während des Lockdowns in der Coronazeit immer mehr das Gespräch mit einer überforderten Mitarbeiterin vermieden hatte. Die Führungskraft war in der Denkweise gefangen, dass sie auf die Probleme ihrer Mitarbeiterin Lösungen oder Verbesserungsvorschläge anbieten müsse. Auf die Frage im Coaching, was ihr selbst guttut,

wenn sie verzweifelt ist oder nicht mehr weiterweiß, antwortete sie spontan: „Ich brauche jemanden, der mir zuhört und versucht, mich in meinem Dilemma zu verstehen." Und nach einer kurzen, nachdenklichen Pause fügte sie hinzu: „Und bitte keine gut gemeinten Ratschläge. Ich bin ja nicht dumm." Kaum hatte sie das gesagt, strahlten ihre Augen und sie sagte: „Komisch, dass ich in meiner Rolle als Führungskraft glaube, auf alles eine Antwort haben zu müssen, obwohl mich dieses Verhalten bei anderen tierisch nervt. Ich rufe nachher einfach meine Mitarbeiterin an."

Wenn wir im Folgenden die anderen fünf Formate beschreiben, so geschieht dies immer in dem Bewusstsein, dass die Kompetenzen aus dem Personal Coaching die Grundlage aller anderen Coaching-Formate bilden.

7.2 Fertigkeiten und Kompetenzen entwickeln – vom Skills Coaching lernen

Selbstreflexion

Erinnere Dich an oder stelle Dir eine Führungssituation vor, in der Dir aufgefallen ist, dass ein Mitarbeiter in Teambesprechungen meist im Zuhörmodus „Downloading" ist. Er nutzt viele Momente, um seine Sichtweise und Meinung einzubringen. Die Kompetenz des emphatischen Zuhörens scheint dieser Mitarbeiter nicht entwickelt zu haben:

• Wie würdest Du als Führungskraft mit der Person umgehen, wenn es Dir wichtig für die Teamkultur ist, dass er diese Kompetenz lernt und nutzt?
• Wie stellst Du Dir ein Gespräch mit der Person vor, wenn Du das Thema ansprechen würdest? Deine Vorstellungen über ein solches Gespräch sind Ausdruck Deines Mindsets zum Thema Feedback geben und Kompetenzentwicklung anstoßen:

- Option 1: Vielleicht gibst Du dem Mitarbeiter ein ehrliches Feedback und teilst ihm mit, dass Du von ihm erwartest, dass er sich mehr Zeit und Raum für das nimmt, was andere sagen.
- Option 2: Vielleicht fragst Du ihn, ob Du ihn darauf aufmerksam machen darfst, wenn er sein gewohntes Muster des „Herunterladens" automatisch anwendet, und Ihr überlegt dann zusammen, welche Alternativen er gehabt hätte. Und gleichzeitig kannst Du ihm zurückspiegeln, wenn Du empathisches oder generatives Zuhören bei ihm wahrgenommen hast.

Oft wird eine solche Herausforderung aus Zeitmangel oder mangelnder Kompetenz delegiert, indem man den Mitarbeiter zu einem Kommunikationsseminar schickt und ihm ein Coaching anbietet. Die beiden obigen Handlungsoptionen spiegeln jedoch zwei sehr unterschiedliche Ansichten übers Lernen wider. Option 1 geht davon aus, dass ein guter kognitiver Vorsatz wie „Jetzt werde ich aber besser und offener zuhören" ausreicht, um das Verhalten zu ändern. Obwohl diese Option vielfach und gerne verwendet wird, reicht sie in vielen Lernsituationen nicht aus. Option 2 geht von einem längeren Lernprozess mit kontinuierlichen Feedbackschleifen und wiederholten kleinen Lernschritten aus.

Wie oben bereits erwähnt, bedeutet jedes Lernen eine Veränderung der neuronalen Struktur im Gehirn. Wenn ich Zuhören eher mit „Herunterladen" verbinde, dann ist dies das Ergebnis eines früheren Lernprozesses. Vielleicht war es für mich einmal wichtig, durch gute Ideen und kluge Gedanken zu glänzen, und ich habe dafür gutes Feedback bekommen. Dann entwickelt sich die Fähigkeit, eher durch Input als durch Zuhören zu glänzen.

Der Prozess des Skills Coaching wird sehr schön in einem kleinen Video „Teaching a backflip in an hour!"

von der Motive School Of Movement in Greenville, South Carolina, dargestellt (https://www.youtube.com/watch?v=E8f-giFxN8Q). Es zeigt, wie ein Coach einem Schüler innerhalb weniger Stunden einen Rückwärtssalto beibringt. Der Coach legt großen Wert auf eine positive Lernatmosphäre, indem er den Schüler kontinuierlich ermutigt und unterstützt und nach jedem gelungenen Lernschritt den Jungen abklatscht. Zunächst wird der aktuelle Kenntnisstand des Schülers ermittelt, um ein klares Bild vom Ausgangsniveau zu erhalten. Dann geht der Coach einzelne Lernschritte durch: vom Rückwärtsfallen auf eine Matte über die Rückwärtsrolle über einen Kasten bis hin zum kompletten Rückwärtssalto. Durch einfühlsame Anleitung und schrittweise Progression wird das Selbstvertrauen des Schülers gestärkt, sodass er schließlich den Rückwärtssalto erfolgreich ausführen kann.

Skills Coaching beschreibt einen kontinuierlichen Prozess, bei dem es wichtig ist, den aktuellen Stand des Lernenden zu verstehen, realistische Ziele zu setzen und den Lernprozess in überschaubare Schritte zu unterteilen. Ein unterstützendes und positives Umfeld fördert das Selbstvertrauen und die Motivation, mit den neuen Fähigkeiten zu experimentieren, Fehler zu machen und schließlich durch Wiederholung zu lernen. Der Coach fungiert nicht nur als Lehrer, sondern auch als Mentor, der den Lernenden während des gesamten Prozesses begleitet und ermutigt.

Dieser Ansatz, wie er im Video beschrieben wird, kann als eine Art Blaupause für das Erlernen von Fähigkeiten, Fertigkeiten und Kompetenzen betrachtet werden. Aus der Hirnforschung wissen wir, wie ein solches Vorgehen die Neuverknüpfung von Nervenzellen ermöglicht. Eine unterstützende und fürsorgliche Atmosphäre setzt im Gehirn Botenstoffe frei, die ein chemisches Milieu erzeugen, in dem Nervenzellen angeregt werden, zu wachsen und sich mit anderen Nervenzellen zu verbinden. Interessanterweise wird die Fähigkeit der Nervenzellen, zu wachsen und sich zu vernetzen, bei Stress und Angst gehemmt. Die Aufforderung „Jetzt streng dich mal an!" ist vielleicht gut gemeint, behindert aber das Lernen auf neuronaler Ebene. Der zweite Erfolgsfaktor ist die Wiederholung: „Nervenzellen, die zusammen feuern, verdrahten sich zusammen". Und das braucht Zeit. Manche lernen den Rückwärtssalto oder das empathische Zuhören oder offene Fragen zu stellen schneller als andere. Jedes Sich-gut-gefordert-und-gefördert-Fühlen löst Botenstoffe aus, die auf der Ebene der Nervenzellen wachstums- und vernetzungsfördernd wirken. Jede Form der Überforderung löst andere Botenstoffe aus, die auf neuronaler Ebene das Gegenteil bewirken. Deshalb ist es notwendig, den Lernstoff in realistische Schritte herunterzubrechen. Lernen ist ein vielschichtiger Prozess, der sowohl Zeit als auch Freiräume benötigt. Daher sollte es im Arbeitsalltag gezielt eingeplant und strukturiert werden.

Damit neue Kenntnisse und Fähigkeiten tatsächlich im Gehirn verankert werden, spielen verschiedene Faktoren eine Rolle:

- Zeit: Während einige Menschen schnell neue Inhalte aufnehmen, benötigen andere mehr Zeit – dieser individuelle Unterschied lässt sich von außen kaum beeinflussen.
- Eigenmotivation: Lernen fällt leichter, wenn es auf eigenem Antrieb basiert.
- Unterstützende Umgebung: Angst und Druck hemmen den Lernprozess, während Wertschätzung, Neugier und Freude ihn begünstigen.
- Räume für Experimente und Wiederholung: Durch spielerisches Ausprobieren und regelmäßige Anwendung können neue Inhalte besser gefestigt werden.

- Positive Fehlerkultur: Fehler sind ein natürlicher Bestandteil des Lernens. Sie bieten wertvolle Erkenntnisse und tragen oft dazu bei, Wissen nachhaltiger zu verankern.
- Feedbackkultur: Konstruktive und wertschätzende Rückmeldungen – besonders von Führungskräften – fördern den Lernfortschritt und stärken insgesamt die Lernkultur im Team.

Für Führungskräfte ist es hilfreich, klare Lernziele zu definieren, um den Fortschritt messbar zu machen. Während sie eine unterstützende Rolle im Lernprozess der Mitarbeitenden übernehmen, liegt die Verantwortung für den Lernerfolg aber bei den Einzelnen selbst. Daher kann es sinnvoll sein, das Team dazu zu ermutigen, selbstorganisierte Lernformen wie Lerntandems oder kollegiale Beratung zu nutzen. Ein Wissenstransfer zwischen erfahrenen und neuen Mitarbeitenden ist ebenfalls wertvoll: Jüngere Teammitglieder können von der Erfahrung älterer Kollegen profitieren, während sie ihrerseits Unterstützung im Umgang mit neuen Technologien bieten können. Auch externe Schulungen oder interne Weiterbildungsmaßnahmen, etwa durch die Personalabteilung, können den Lernprozess ergänzen. Entscheidend ist, dass Lernen nicht dem Zufall überlassen wird, sondern bewusst gefördert und strukturiert wird.

Potenzial nutzen

Für den Erfolg von Skills Coaching kann die Haltung und Einstellung, die mit Grit umschrieben wird, genutzt werden. Grit ist ein Konzept der Psychologin Angela Duckworth (2017) und beschreibt eine Mischung aus Leidenschaft und Ausdauer bei der langfristigen Verfolgung von Zielen. Im Unterschied zu kurzfristiger Motivation geht es bei Grit darum, auch über einen längeren Zeitraum

hinweg trotz Rückschlägen, Frustration und Herausforderungen beharrlich an seinen Zielen festzuhalten. Duck-
worths Forschung zeigt, dass Grit ein entscheidenderer
Faktor für Erfolg ist als Talent oder Intelligenz allein.
Menschen mit hohem Grit bleiben engagiert, passen sich
an und entwickeln sich kontinuierlich weiter, ohne sich
von Schwierigkeiten entmutigen zu lassen.

Fallbeispiel

Die Teilnehmenden an dem Seminar „Coaching für Partner" einer multinationalen Beratungsfirma waren durchweg sehr intelligent und hatten durch ihre langjährige
Beratungstätigkeit die Fähigkeit entwickelt, komplexe
Sachverhalte schnell zu durchdringen und unverzüglich ad-
äquate Lösungsansätze zu generieren. Das war ihr Erfolgs-
rezept. Als intelligente Menschen haben sie das Konzept
einer „offenen Frage" sofort verstanden. Das heißt, eine
Frage, die nicht mit Ja oder Nein beantwortet werden kann
und die keinen Vorschlag enthält. Sie wussten also kognitiv, was zu tun war. In der Coaching-Übungssituation pro-
duzierte ihr Gehirn jedoch eine Menge Vorschläge, was der
Coachee in dieser Situation tun könnte. Aber sie fanden in
ihrem Gehirn keine offene Frage, die das Gespräch einfach
etwas in die Tiefe geführt hätte. Um dies zu lernen, war es
wichtig, eine Atmosphäre zu schaffen, in der die Teilnehmer, die in der Regel sehr erfolgreich waren, diese Art des
Fragenstellens von Grund auf ausprobieren konnten. Sie
mussten sich wieder in die Position des Nichtwissens und
Nichtkönnens versetzen. Danach ging es darum, das Gelernte im Alltag auszuprobieren. Wir bildeten Lerntriaden,
bei denen zwei Teilnehmende miteinander Peer Coaching
Café Style (PCCS) zwischen den Modulen durchführten und
die dritte Person Feedback über das offene Fragen gab.
Es dauerte einige Wochen, bis sich die Teilnehmer in dieser Art der Kommunikation sicher genug fühlten und sie
immer häufiger und automatisierter einsetzten.

7.3 Mitarbeiterinnen und Mitarbeiter entwickeln – vom Development Coaching lernen

Selbstreflexion

Erinnere Dich einmal an einen Moment, an dem Du in Deiner eigenen beruflichen Entwicklung einen großen Schritt gegangen bist. Vielleicht wurde dies von außen initiiert, indem Du ein ganz neues und herausforderndes Aufgabenfeld erhalten hattest. Oder Du hast in Dir schon vorher einige Zeit gemerkt, dass Du etwas ändern solltest, ohne genau zu wissen, was und wie. Wie Du selbst mit solchen Situationen umgehst, gibt einen möglichen Hinweis darauf, was Deine eigenen mentalen Konstrukte bezüglich einer Weiterentwicklung sind. Glaubst Du eher daran, dass es wichtig ist, ins kalte Wasser geschubst zu werden oder alle Möglichkeiten mit jemandem im Vorfeld genau durchzuspielen? Traust Du Dir viel auf einmal zu oder gehst Du lieber kleine Schritte?

In den letzten Jahren wurde ich von verschiedenen Führungskräften darauf angesprochen, dass es ihnen mittlerweile schwerfalle, mit jungen, engagierten Mitarbeitenden über deren berufliche Ziele ins Gespräch zu kommen. Der Tenor war oft fast identisch: „Alles, was unsere Generation motiviert hat, Karriere zu machen, interessiert die Generation Y oder Z nicht mehr. Der tolle Firmenwagen, der Auslandseinsatz, die Teamleiterposition etc. sind für die jüngeren Mitarbeitenden kein erstrebenswertes Ziel und binden sie nicht an unser Unternehmen. Vielmehr interessieren sie sich für JobRad, flexible Arbeitszeiten, die Möglichkeit eines Sabbaticals, Homeoffice etc." Auch wenn diese Positionen etwas holzschnittartig vereinfacht erscheinen, so spiegeln sie doch ein Grundthema dieses Buches wider. Jeder Mensch hat seine eigene Wirklichkeitskonstruktion, und Angehörige derselben Generation sind sich oft ähnlich, unterscheiden sich aber von den anderen Generationen.

Es ist relativ einfach, ein Entwicklungsgespräch mit jemandem zu führen, der das gleiche Verständnis von Karriere hat, in der gleichen Organisationskultur aufgewachsen ist und ein ähnliches Zugehörigkeitsgefühl hat wie man selbst. Man teilt die gleichen Grundannahmen und sieht die Realität durch eine ähnliche Brille. Innerhalb dieses geteilten Verständnisses überlegt man, wie die Möglichkeiten, die das Unternehmen bietet, zu den Bedürfnissen passen, die der Einzelne hat. In diesem Setting ist Development Coaching eher kompliziert als komplex. Das ist so, als würde ich jemanden in einer fremden Stadt fragen, wie ich am schnellsten zum Bahnhof komme. Mein Gegenüber muss keine besonderen kommunikativen Fähigkeiten besitzen, um mir zu helfen, den passenden Weg zu finden.

Eine erste Herausforderung für Führungskräfte mit den KollegInnen der Generation Y und Z ist, dass sie es ja eigentlich gewohnt sind, Antworten zu haben. Das haben wir bereits oben beim Umgang mit komplexen Zusammenhängen und dem Verständnis einer monokausalen Realität angesprochen. Aber auf einen „Karrierewunsch", der sich nicht 1:1 mit der bestehenden Organisationsrealität abbilden lässt, findet man keine schnellen Antworten.

Das Development Coaching ist wohl die am weitesten verbreitete Form des professionellen Coachings. Der Coach nimmt sich die Zeit, gemeinsam mit dem Coachee alle offensichtlichen und auch verborgenen Treiber für die eigene Entwicklung zu beleuchten und damit in eine Zukunft zu blicken, die es so bisher nicht gibt. Entwicklung ist kein vorgezeichneter Weg, der in der Gegenwart nur für die Zukunft vorgezeichnet werden soll. Sondern es ist der Weg, der im Gehen erst entsteht. Aber nur, wenn er mit Neugier und einer Portion Unvoreingenommenheit gegangen wird.

Development-Coaches geben keine Empfehlungen, sondern sind Forschungspartnerinnen des Coachees. Manchmal stelle ich mir vor, wie es wohl wäre, wenn die oben beschriebenen Führungskräfte der Generation der Babyboomer in ihren Gesprächen mit der Generation Y und Z offen wären für die Möglichkeiten, die sie als Babyboomer gemeinsam mit der Generation Y und Z schaffen könnten. Wenn es nicht darum ginge, meine Welt mit meinen Werten gegen eure Welt mit euren Werten zu verteidigen, sondern darum, aus den Ressourcen und Fähigkeiten, die beide Generationen mitbringen, etwas Neues zu schaffen. Als ich ein junger Mann mit langen Haaren war, rief mir ein älterer Herr einmal zu: „Unter Hitler hätte man jemanden wie dich vergast." Anscheinend sah er seine bestehende Welt durch meine Generation bedroht. Und es stimmt, wir haben vieles verändert, was ihm eventuell nicht gefallen hat, aber die Welt existiert immer noch.

Die Basis des Development Coaching ist, wie schon erwähnt, das Verständnis, die Haltung, die Methoden und Techniken des Personal Coaching. Diese werden genutzt, um ein bisher nicht realisiertes Zukunftsbild zu entwerfen und den Weg dorthin vorzudenken.

Um den Erkundungs-, Erkenntnis- und Umsetzungsprozess zu strukturieren, wird im Development Coaching oftmals ein Modell wie GROW verwendet (vgl. Abb. 7.1). Das Akronym GROW steht für Goal, Reality, Optionen und Will-Do (Ziel, Realität, Option und Umsetzung).

GROW wurde von Sir John Whitmore (2017) in den späten 1980er-Jahren des letzten Jahrhunderts entwickelt und ist eines der am weitesten verbreiteten Coaching-Modelle. GROW ist ein flexibles Modell, das nicht nur zur Strukturierung eines Coaching-Gesprächs verwendet werden kann, sondern auch zur Strukturierung eines gesamten Coaching-Prozesses. Es eignet sich aber auch

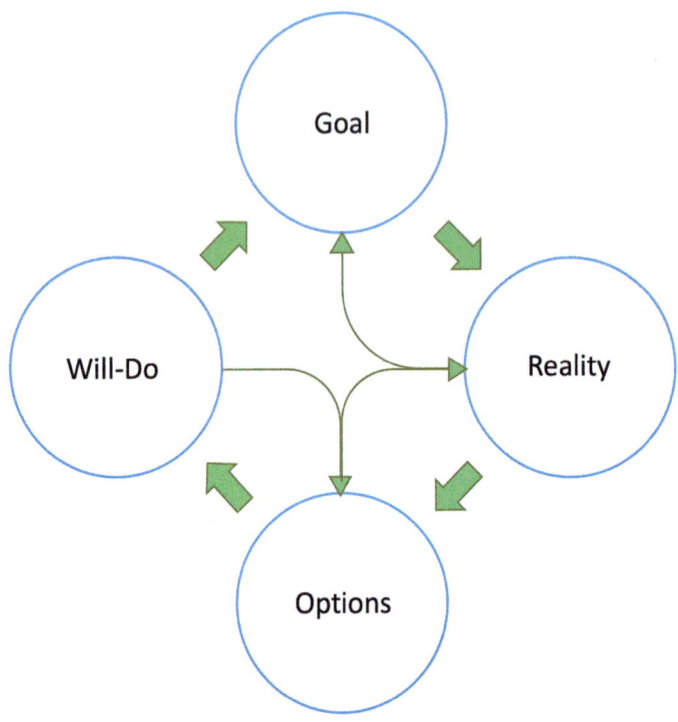

Abb. 7.1 Das GROW-Modell

ausgezeichnet zur Strukturierung anderer Gespräche, Besprechungen und Workshops. Wie viele Modelle kann auch GROW auf verschiedenen Ebenen genutzt werden und so unterschiedliche Wirkungen entfalten. Auf der äußeren Ebene geht es um die Strukturierung der Zeit. Man nimmt sich genügend Zeit, um das Ziel klar zu benennen, dann die Realität zu betrachten, dann zu den Optionen überzugehen und schließlich zu vereinbaren, was man als Nächstes tun will.

G – Goal oder Ziel

Das GROW-Modell fokussiert zu Beginn jeder Coaching-sitzung, jedes Meetings, jedes Gesprächs auf das Ergebnis, mit dem man am Ende herausgehen will. Was soll am Ende anders sein? Was will man konkret erreicht haben? Ein solches Ziel kann so präzise formuliert sein wie ein SMART-Ziel (SMART: spezifisch, messbar, attraktiv, realistisch und terminiert). Häufig wird aber auch eine eher vage Absicht zur allgemeinen Orientierung formuliert. Dieses Ziel oder diese Absicht sollte während des gesamten Prozesses nicht aus den Augen verloren werden. Man hat aber immer die Freiheit, das Zielbild oder die Intention bewusst zu ändern, wenn sich die Bedingungen ändern.

Mögliche Fragen, die man für Goal stellen könnte, sind:

- Was soll am Ende anders sein?
- Welche Themen möchtest du untersuchen?
- Was möchtest du erreichen/verändern?
- Woran merkst du, dass die Sitzung erfolgreich war?
- Mit welchem Gefühl oder welcher Erkenntnis möchtest du am Ende aus der Sitzung gehen?

Bei der konkreten Herausarbeitung des Ziels oder der Intention während eines Prozesses im Development Coaching zeigt sich oft, dass deren Bestimmung und Formulierung manchmal diffizil ist. Die ersten Gedanken oder inneren Bilder zum angestrebten Ziel oder zur Intention entstehen oftmals automatisch aus dem bestehenden Mindset oder der gewohnten Wirklichkeitskonstruktion. Fragt man eine Führungskraft bei Goldman Sachs nach einem Entwicklungsziel, so wird dieses in der Regel mit den Entwicklungszielen anderer Führungskräfte im gleichen Unternehmen übereinstimmen, aber eventuell ganz anders klingen als die Entwicklungsziele, die ein Social Entrepreneur hat. Viele Prozesse im Development

Coaching bleiben bewusst auf dieser Ebene, vor allem wenn das Coaching vom Unternehmen bezahlt oder vom HR-Bereich durchgeführt wird. Hinter dem bestehenden Mindset/Realitätskonstrukt gibt es aber noch Ebenen von persönlichen Bedürfnissen, verborgenen Träumen, unerfüllten Sehnsüchten, ungenutzten Potenzialen etc. Oft braucht es Zeit und Offenheit, damit diese verborgenen Ebenen zum Vorschein kommen. Es liegt auf der Hand, dass dafür eine gute Einstimmung, ein sensibles, empathisches Zuhören und offenes Fragen, wie es im Personal Coaching beschrieben wurde, hilfreich sind.

Für die Führungskraft, die ein Entwicklungsgespräch mit einem Mitarbeiter führt, ist es wichtig, eine Offenheit für das Unausgesprochene zu bewahren und neugierig für die verschiedenen Facetten möglicher Zielbilder zu bleiben, selbst wenn durch den organisationalen Kontext der Rahmen vorgegeben ist.

R – Realität

Vergleichbar mit der Arbeit einer Grundlagenforscherin wird die Realität in all ihren Facetten erforscht. Nach der Zielfindungsphase wissen wir, wo die Reise enden soll. Jetzt werden Bedingungen und Zusammenhänge erforscht. Es geht um das Erkennen und Verstehen der Ist-Situation, der Hindernisse, die dem Zielbild im Wege stehen können, der Entwicklungsmöglichkeiten und der notwendigen Ressourcen. Nicht selten führt die Analyse der Realität zu wichtigen Erkenntnissen, die schnell umgesetzt werden können und neue Perspektiven eröffnen. Bei der Analyse der Realität lassen sich häufig verschiedene Schwerpunktthemen unterscheiden:

- Meist gibt es äußere Rahmenbedingungen, die die Zielerreichung nicht trivial erscheinen lassen. Sonst hätte man das Ziel eventuell bereits erreicht. Wie bei der Planung einer Bergbesteigung analysiert man die äußeren Faktoren und entwickelt einen guten Plan, wie man damit umgehen will.

- Wie bei einer Bergbesteigung ist es neben der realistischen Planung des möglichen Weges genauso wichtig, sich mit den Kompetenzen und Fähigkeiten der Person zu beschäftigen. Welche Fähigkeiten hat die Coachee, die nützlich sind? Beziehungsweise welche Kompetenzen fehlen ihr noch und welche Kompetenzen müssen noch entwickelt werden? Nur wenn die Kompetenzen und Fertigkeiten ausreichend entwickelt sind, ist eine mögliche Zielerreichung denkbar.

- Neben der Planung des Vorgehens und der Sicherstellung, dass die notwendigen Fähigkeiten, Fertigkeiten und Kompetenzen vorhanden sind, ist die Einstellung der Coachee zur möglichen Erreichung des Zielbildes relevant. Und hier kommt wieder das Thema Mindset bzw. Wirklichkeitskonstruktionen ins Spiel. Es macht einen großen Unterschied, ob jemand mit der inneren Überzeugung „Ich freue mich, das Thema endlich anzupacken" oder mit der Einstellung „Ich weiß nicht. Irgendwie ist mir das zu mühsam oder zu unsicher" an die Thematik herangeht.

- Manche Herausforderungen entstehen aus einem Zwiespalt zwischen mir als Person – mit all meinen Werten, Motiven und Haltungen – und den Erwartungen an mich in meiner Rolle. So wird etwa von einer Führungskraft erwartet, ein Thema weiter zu bearbeiten, obwohl das eigene Kind gerade eine wichtige Aufführung hat. Oder man muss einem Mitarbeiter eine schlechte Nachricht überbringen, von der man selbst nicht überzeugt ist.

Folgende Fragen können bei der Erforschung der Realitätsebene helfen:

- Was genau ist passiert? Und wer war daran beteiligt?
- Was hast du schon versucht?
- Welche Fähigkeiten hast du, die dir helfen können, und was fehlt dir noch?
- Wie schwer oder leicht fällt dir die Situation?
- Freust du dich auf die Herausforderungen oder …

O – Optionen

Menschen suchen oft nach guten Lösungen für Probleme, Schwierigkeiten und Herausforderungen. Bei vielen Herausforderungen im Alltag funktioniert das auch gut. Wenn das Auto nicht anspringt, kann die Batterie leer sein. Mit einem Überbrückungskabel springt der Motor wieder an. Wir haben weiter oben im Kapitel über systemisches Denken gesagt, dass dieses monokausale Denken in unserer Kultur und in unserer Zeit sehr dominant ist. Die meisten Ratschläge, die man in normalen Gesprächen erhält, folgen oft diesem Weltbild. Man hört: „Probiere doch mal A aus", „Du solltest unbedingt B und C machen". Manchmal sind solche Ratschläge Gold wert. Aber oft stellt man fest, dass sie nicht zu einer langfristigen Veränderung führen.

Beim Coaching geht es vielmehr darum, Zusammenhänge systemisch zu betrachten. Man sucht nicht nach Lösungen, sondern versucht, ein „Denken in Optionen" anzuregen. Optionen entspringen eher einer Weltsicht, die nicht von richtig oder falsch ausgeht, sondern von verschiedenen Möglichkeiten, die man ausprobieren und auf ihre Wirkung hin untersuchen kann. Optionen entstehen oft in einer Art Brainstorming, bei dem hypothetische, paradoxe oder zirkuläre Fragen gut eingesetzt werden können, da es darum geht, einen Denkprozess anzuregen, in dem Optionen generiert werden können. Fragen könnten sein:

- Was könnte XYZ in dieser Situation tun?
- Was hast du bisher nicht gewagt?
- Was wäre die verrückteste Idee?
- Wie wahrscheinlich ist es, dass du das ausprobierst (1–10)?

W – Wille oder Will-Do
Nachdem eine Anzahl von Optionen gefunden wurde, stellt sich die Frage nach dem Was und dem Wie der Umsetzung. Aus der Realitätsbetrachtung wird deutlich, ob es bei den notwendigen nächsten Schritten eher um die Planung und Umsetzung der externen Herausforderung, um die Entwicklung von Fähigkeiten, Fertigkeiten und Kompetenzen oder um Fragen des Mindsets und der Einstellung geht. Die Optionen zeigen Möglichkeiten auf, die nun abgewogen und dann ausprobiert werden müssen. An dieser Stelle können die strukturierenden Fähigkeiten und Werkzeuge, die man z. B. auch aus dem Projektmanagement kennt, sehr hilfreich sein. Man kann Meilensteine setzen, Ressourcen und Unterstützung organisieren, gezielt nach Informationen und spezifischem Know-how suchen, Arbeitspläne erstellen und Checklisten führen. Fragen, die diesen Prozess unterstützen können, sind:

- Was sind deine nächsten konkreten Schritte?
- Wen solltest und wirst du einbeziehen?
- Wie stellst du sicher, dass du das auch wirklich umsetzt?
- Wo bekommst du Unterstützung?

Potenzial nutzen
Fürs Development Coaching ist es hilfreich, sich anhand von grundsätzlichen Werten zu orientieren. Das hilft

dabei, den eigenen inneren Kompass zu aktivieren, um langfristige Ziele daran auszurichten. Anstatt sich von äußeren Umständen treiben zu lassen, richtet man den Fokus auf das, was im tiefsten Inneren wirklich zählt. Dies unterstützt, Entscheidungen bewusst und wertebasiert zu treffen und den eigenen Lebensweg aktiv und sinnorientiert zu gestalten.

Eine Möglichkeit, mit dem eigenen inneren Kompass in Kontakt zu kommen, besteht darin, eine Herausforderung vom Ende her zu betrachten. Dies ermöglicht eine Schärfung des eigenen Blicks, bei dem man nichts mehr ändern kann und entweder mit dem Ergebnis zufrieden ist oder nicht. Für den eigenen Lebensentwurf wäre das der Blick vom eigenen Tod her. Wie möchte ich auf mein Leben zurückblicken, wenn ich nichts mehr ändern kann. Wie möchte ich in Erinnerung bleiben? Woran würde ich wirklich merken, dass ich mein Leben nach meinem eigenen Kompass sinnvoll gelebt habe?

Fallbeispiel

Ein noch recht junger Coachee hatte in seinen jungen Jahren bereits viel erreicht und eine Führungsposition inne und stand nun vor einem Scheideweg. Sollte er im Unternehmen bleiben? Ihm wurde eine spannende neue Position mit mehr Verantwortung angeboten. Oder sollte er ein sehr attraktives Angebot im Ausland annehmen? Nichts schien ihn wirklich zu überzeugen. Wir arbeiteten mit verschiedenen Methoden, um seine möglichen Motive hinter den Entscheidungen zu hinterfragen und alle Optionen nach seinen Präferenzen und Wünschen zu gewichten. Als Kind einer Migrantenfamilie, seine Großeltern kamen als Gastarbeiter aus Marokko, hatte er sowohl die Schule als auch die Universität mit sehr guten Ergebnissen abgeschlossen, worauf seine Familie sehr stolz war. In seinem sozialen Kontext standen die Erwartungen der Familie oft über den Bedürfnissen des Einzelnen. So hatte er auch seine Berufswahl immer in enger Absprache mit seiner Familie getroffen und plötzlich funktionierte dieses System nicht mehr. Auf die im Development Coaching häufig gestellte Frage „Wo siehst du dich in 5 Jahren?" kam keine Antwort. Als Kind hatte er immer geträumt, den gleichen Weg wie seine Großeltern in entgegengesetzter Richtung mit dem Fahrrad nachzufahren. Also von Frankfurt über Frankreich, Spanien nach Marokko. Aber dafür war nie wirklich Raum und Zeit gewesen. Und inzwischen hatte er diesen Kindheitswunsch schon lange vergessen.

Ich schlug ihm vor, bis zur nächsten Stunde seine eigene Grabrede zu schreiben, wobei ich folgende Rahmenbedingungen vorgab. Zunächst sollte er sich vorstellen, wer diese Rede halten sollte. Das könnten auch Menschen sein, die es im Moment noch nicht gab, wie zum Beispiel mögliche Kinder. Im zweiten Schritt sollten die zwei oder drei wichtigsten Personen die Rede so verfassen, dass er, wenn er sie hören würde, vollkommen zufrieden wäre. Für den Coachee war diese Übung eine große Herausforderung, aber seine Neugier war größer.

Zur nächsten Sitzung kam er wie verwandelt. Er hatte sich seinen zukünftigen Sohn und seine zukünftige Tochter ausgesucht, obwohl er zu diesem Zeitpunkt in keiner festen Beziehung lebte. Die Kernaussage seiner Kinder war, dass sie stolz auf ihren Vater waren, dass er es gewagt hatte, mit 27 Jahren seine Karriere zu unterbrechen und seinen Traum zu verwirklichen, mit dem Fahrrad zu seinen „Wurzeln" zu fahren. Und er hatte dies getan, obwohl es eine große Unsicherheit für seine zukünftige Karriere bedeutete und er gleichzeitig seine Bedürfnisse über die der Familie stellen musste.

7.4 Ziele erreichen – vom Performance Coaching lernen

Selbstreflexion

Stell Dir vor, Du bist Führungskraft eines Teams, das sehr ehrgeizige Ziele in einer bestimmten Zeit erreichen muss:

- Welches Team fällt Dir als Erstes ein? Ist es ein wertschöpfendes und leistungsorientiertes Team, das hoch motiviert zusammenarbeitet? Oder ist Dein inneres Bild eher davon geprägt, dass die Kollegen schwer zu motivieren sind und eher in Silos und eigenen Verantwortungsbereichen denken?

- Wie würdest Du vorgehen, um das Team abzuholen und sicherzustellen, dass die Ergebnisse, an denen Du als Führungskraft letztendlich gemessen wirst, auch erreicht werden. Definierst Du eher Key Performance Indicators (KPI) und gibst Prozesse und Strukturen vor? Oder unterstützt Du das Team dabei, sich selbst zu organisieren und in einem agilen Ansatz selbstgesteuert an die Umsetzung zu gehen?

Alle Erfahrungen, die wir in unserem beruflichen Kontext und in der bestehenden Organisationskultur in Bezug auf Zusammenarbeit in Teams, Leistung, Zielerreichung, Führung etc. gemacht haben, gepaart mit unseren eigenen Werten, prägen unser Konstrukt oder Mindset zum Thema Zielerreichung und Leistungssteigerung.

Performance beschreibt die in einer konkreten Situation erbrachten Leistungen. Jede Organisation ist darauf angewiesen, dass von den Mitarbeitenden, individuell und als Teams, eine bestimmte Leistung erbracht wird und sie so zum wirtschaftlichen Erfolg einer Organisation beigetragen. Aus diesem Grund haben die meisten Organisationen Programme und Konzepte zur Steigerung der Performance entwickelt. Häufig werden KPIs eingesetzt und Ansätze zur Optimierung von Prozessen und Strukturen genutzt. Prototypisch hierfür sind Performance Management und das Lean Management. Die Zielerreichung wird in sogenannten Performance-Review-Gesprächen überprüft. Betrachtet man das Thema Leistung und Performance durch diese Brille, so lässt es sich in der komplizierten und planbaren Realität verorten. Das ist in vielen Bereichen der Führung von Mitarbeitenden und Teams ausreichend.

Aber was ist mit den Mitarbeitenden und Teams, die in diesem Kontext nicht „performen"? Wie kommt es, dass das Gallupinstitut in seinen Studien zum Employee Engagement Index regelmäßig zu dem Ergebnis kommt, dass 70 % der Mitarbeitenden eher „Dienst nach Vorschrift" machen und sogar ca. 15 % der Mitarbeitenden „innerlich gekündigt" haben. Das heißt, ca. 15 % sind die Mitarbeitenden, die hoch motiviert an der Erreichung der Organisationsziele arbeiten. Mit diesem Wissen im Hintergrund ist die Frage nach Leistungserbringung und Leistungssteigerung plötzlich nicht mehr so einfach zu beantworten. Vielleicht reichen KPIs und optimierte Prozesse und Strukturen nicht alleine aus. Sie können zwar den Rahmen vorgeben, in dem Leistung erbracht werden kann, aber sie haben in der Regel wenig oder keinen konkreten Einfluss auf die intrinsische Motivation zur Leistungssteigerung.

Es kann durchaus sein, dass, wenn das eigene Team in einem ähnlichen Verhältnis zusammengesetzt ist, wie es die Gallup-Umfrage nahelegt, allein durch klare KPIs und optimierte Prozesse und Strukturen die notwendige Leistungsanforderung und Performance nicht erreicht wird. Aus diesem Grund und auch aufgrund der Tatsache, dass immer mehr Herausforderungen aus der komplexen VUKA-Welt entstehen, wurden neue Organisationslogiken beschrieben.

So hat sich der Vordenker der „New-Work"-Idee, der Philosoph Frithjof Bergmanns (2004), mit der Frage „Herausfinden, was man „wirklich" wirklich tun will" beschäftigt, um der intrinsischen Motivation auf die Spur zu kommen. Parallel dazu haben sich agile Ansätze und Konzepte entwickelt. Diese betonen die Kraft, die durch Selbststeuerung und Selbstmanagement von Mitarbeitern und Teams entstehen kann.

Neben diesen externen Ansätzen gibt es auch neuere Ansätze, um Leistung besser zu verstehen und damit auch besser steuern zu können. Stefan Hohberger und Hellmut Damlachi nehmen in ihrem Buch „Performance-Steigerung im Unternehmen" eine einfache und zugleich hilfreiche Perspektive auf das komplexe Thema der Leistungssteigerung ein. Sie beschreiben es mit der Formel Performance = Mindset + Toolset (Hohberger & Damlachi, 2016). Neben den notwendigen Tools, Skills und Kompetenzen setzen sie nicht in erster Linie auf die klare Definition von KPIs, sondern vor allem auf das Mindset.

Während es relativ einfach ist, die für eine Aufgabe notwendigen Tools, Skills und Kompetenzen zu definieren, ist zu beobachten, dass beim Aspekt „Mindset" oft deutlich weniger Klarheit besteht. Zusätzlich zu den Aspekten, die wir oben über „Mindset" geschrieben haben, kommen hier noch weitere Aspekte hinzu. Es sind dies die Themen Selbstmotivation, Selbstwirksamkeit und Selbstvertrauen. Es braucht eine klare innere Motivation, ein bestimmtes Ziel durch eigene Leistung erreichen zu wollen. Dann kann etwas entstehen, was gerne mit „die extra Meile gehen" umschrieben wird. Es gibt viele Studien, die belegen, dass der Versuch, durch äußere Anreize eine Leistungssteigerung zu erreichen, oft kurzfristig wirkt, langfristig aber teilweise das Gegenteil erzeugt. Selbstwirksamkeit wird definiert als die innere Überzeugung, schwierige Situationen aus eigener Kraft lösen zu können. Selbstvertrauen geht noch einen Schritt weiter als Selbstwirksamkeit. Es ist das Vertrauen in die eigenen Stärken und Fähigkeiten. Auf diese Aspekte wird im Performance Coaching neben den notwendigen Tools fokussiert.

In der Workshopreihe „Der Leaders Coaching Circle" zeige ich an dieser Stelle ein kurzes Handyvideo aus Japan (https://www.youtube.com/watch?v=KW0ahs49hWE&t=11s). Ein kleiner Junge, etwa 8 Jahre alt, soll bei einer Schulveranstaltung mit gespreizten Beinen über einen Längskasten springen. Da es sich um eine öffentliche Vorführung handelt, kann davon ausgegangen werden, dass der Junge über die notwendigen sportlichen Fähigkeiten grundsätzlich verfügt. Mit viel Schwung läuft er los und schafft es nicht über den Kasten, sondern prallt dagegen. Mutig versucht er es ein zweites, drittes und viertes Mal. Mit jedem weiteren Fehlversuch steigt seine innere Verzweiflung und er wischt sich seine Tränen weg. Die Betreuungsperson am Kasten scheint ihn immer wieder aufzumuntern, ohne dass dies eine positive Wirkung zeigt. Auch die anwesenden Mitschüler applaudieren aufmunternd. Offensichtlich scheint nicht das Toolset der Formel Performance = Mindset + Toolset zu fehlen, sondern eher das Mindset. Die Selbstmotivation aus dem Mindset scheint vorhanden zu sein, denn der Junge startet immer wieder und versucht es. Aber mit jedem Fehlversuch sinken das Selbstvertrauen und die Selbstwirksamkeit. Ab dem 4. Fehlversuch fällt das Zuschauen schwer, aber die Auflösung ist danach umso interessanter. Von irgendwoher hört man ein Kommando und in diesem Moment stehen alle Mitschüler auf und stellen sich im Kreis, die Arme umeinander gelegt, um den Jungen auf. Sie berühren ihn nicht und sie sprechen ihn nicht an. Wie in einem Chor rufen sie ihm etwas auf Japanisch zu und verbeugen sich dabei. Das Ganze dauert ca. 10 s. Dann löst sich der Kreis auf und der Junge steht wieder alleine bei seiner Anlaufposition. Er nimmt Anlauf und springt mit Leichtigkeit über den Kasten.

Selbstmotivation, Selbstwirksamkeit und Selbstvertrauen sind innere Ressourcen, die uns helfen, die bestmögliche Leistung zu erbringen. Damit diese Ressourcen ihre Wirkung entfalten können, braucht es emotionale Sicherheit, Akzeptanz und Vertrauen.

„Ohne Vertrauen gibt es kein Team", sagt Paul Santagata, Head of Industry bei Google. Dieser Satz fasst die Ergebnisse einer großen, zweijährigen Studie des Technologiegiganten Google zur Teamleistung zusammen. Diese ergab, dass die leistungsstärksten Teams eines gemeinsam haben: psychologische Sicherheit und das Wissen und die Erfahrung, dass man nicht bestraft wird, wenn man Fehler macht (Delizonna, 2017).

Performance Coaching rückt das Thema Mindset in den Mittelpunkt. Wir alle wissen, welche positive Wirkung eine charismatische Trainerpersönlichkeit wie beispielsweise Jürgen Klopp in einem Mannschaftssport haben kann. Diese fokussieren mindestens genauso stark auf das Thema Mindset wie auf die Themen Technik, Fitness und Strategie.

Auf der Ebene des Mindsets kann zwischen dem „Fixed Mindset" und dem „Growth Mindset" unterschieden werden. Dies wurde u. a. von der amerikanischen Psychologin Carol S. Dweck (2007) beschrieben und gleichzeitig hat sie die Auswirkungen auf Lern- und Entwicklungsprozesse aufgezeigt.

Menschen mit einem „Fixed Mindset" neigen dazu, eine statische Perspektive einzunehmen und versuchen beispielsweise, Fehler um jeden Preis zu vermeiden. Im Gegensatz dazu basiert die Denkweise von Menschen mit einem „Growth Mindset" auf einem dynamischen Selbstbild und einer wachstumsorientierten Herangehensweise. Diese Haltung ist geprägt von Wissbegierde, Neugier und dem Bestreben, die eigenen Fähigkeiten kontinuierlich weiterzuentwickeln. Fehler werden in diesem Zusammenhang nicht als Rückschläge, sondern als wertvolle Lerngelegenheiten betrachtet, die zur persönlichen Entwicklung beitragen. Das Konzept des dynamischen Selbstbildes lässt sich als Vertrauen in die eigene Lern- und Wachstumsfähigkeit beschreiben. Ein Growth Mindset bedeutet also, Herausforderungen anzunehmen, Schwierigkeiten zu überwinden und gewonnene Erfahrungen gezielt für das persönliche Wachstum zu nutzen.

Mit dem Ansatz von Performance Coaching im Hintergrund wird es möglich, Mitarbeiter und Teams dabei zu begleiten, ein effizientes und leistungsorientiertes Mindset zu entwickeln bzw. zu erhalten.

Eine zentrale Aufgabe einer Führungskraft ist es, die Performance im eigenen Verantwortungsbereich sicherzustellen. Um eine nachhaltig hohe Leistung im eigenen Bereich zu fördern, kann Performance Coaching wertvolle Impulse liefern. Folgende Maßnahmen können dabei hilfreich sein:

- Fokus auf Mindset: Führungskräfte sollten gezielt an der Entwicklung eines leistungsorientierten Mindsets im Team arbeiten und eine Kultur des Wachstums und der kontinuierlichen Verbesserung fördern.
- Berücksichtigung individueller Motive: Es ist wichtig, die Interessen und Motive der Mitarbeiterinnen und Mitarbeiter systematisch einzubeziehen. Methoden wie das GROW-Modell unterstützen dabei, Teamziele sowohl aus organisationaler als auch aus individueller Perspektive zu definieren und umzusetzen.
- Stärkung des Selbstvertrauens: Führungskräfte können gezielt das Vertrauen in die eigene Leistungsfähigkeit stärken – sowohl bei einzelnen Mitarbeitenden als auch im gesamten Team.
- Ausgewogene Kombination von Tools und Mindset: Erfolgreiche Führung berücksichtigt sowohl die methodischen Tools als auch die mentale Einstellung des Teams, um eine dynamische Leistungsentwicklung zu ermöglichen.
- Raum für Entwicklung schaffen: Mitarbeiter/innen sollten ausreichend Zeit und Freiräume erhalten, um neue Arbeitsweisen und Tools auszuprobieren und deren Anwendung zu trainieren.

Potenzial nutzen

Durch die Fokussierung auf das Growth Mindset kann man in ein entschlossenes Handeln kommen. Es hilft, mit Zweifeln und Zaudern angemessen umzugehen und mutig den nächsten Schritt zu machen. Diese Kraft setzt innere Energie frei und ermöglicht es, fokussiert, kreativ und engagiert auf Ziele hinzuarbeiten – immer aus einer Haltung der Zuversicht und Eigenverantwortung heraus.

Fallbeispiel

Ein großes Beratungsunternehmen plante, seine Buchhaltungsprozesse zu digitalisieren. Die Finanzabteilung erhielt die Aufgabe, mögliche Verbesserungsfelder zu analysieren und – soweit möglich – eigenständig mit der IT-Abteilung umzusetzen. Der Chief Financial Officer (CFO) sah in der Automatisierung ein erhebliches Einsparpotenzial. Anstatt eine externe Beratungsfirma mit der Umstrukturierung zu beauftragen, entschied sich das Unternehmen, den Wandel intern voranzutreiben.

Während spezialisierte IT-Berater mit Begeisterung an ein solches Projekt herangegangen wären, zeigte sich in der Buchhaltungsabteilung eine ganz andere Dynamik. Der Fortschritt blieb aus, die Stimmung war von Zurückhaltung geprägt und das Vorhaben kam nur schleppend voran. Obwohl das Ziel klar definiert war, spiegelte sich die innere Haltung der Mitarbeitenden eher in Aussagen wie „Das ist doch nur eine weitere Modeerscheinung" oder „Tee trinken und abwarten ist die beste Strategie".

Ein zentraler Aspekt des Performance Coaching bestand darin, die Ursachen für diese Zurückhaltung genauer zu analysieren. Warum fehlte es an Motivation? Warum gingen die Mitarbeitenden nicht mit Eigeninitiative an das Projekt heran?

In Gesprächen mit den Teams zeigte sich ein entscheidender Punkt: Während der CFO in seiner Projektpräsentation voller Enthusiasmus über Effizienzsteigerungen und Kosteneinsparungen durch digitale Prozesse sprach, verbanden die Mitarbeitenden diese Aussagen unmittelbar mit einem drohenden Stellenabbau. Viele empfanden den Auftrag zynisch als: „Wir sollen unser eigenes Grab schaufeln."

Ein wesentlicher Schritt im Coaching-Prozess bestand darin, diese Blockaden bewusst zu machen. Mithilfe einer Deskriptorenanalyse wurde untersucht, wie die aktuelle Teamkultur wahrgenommen wird und welche Kultur für eine leistungsfördernde Zusammenarbeit erforderlich wäre.

Dabei wählten die Mitarbeitenden aus einer Liste von etwa 75 beschreibenden Adjektiven jeweils fünf Begriffe, die ihre derzeitige Arbeitskultur charakterisierten, sowie fünf Begriffe für die gewünschte zukünftige Kultur. Die Ergebnisse dieser Analyse machten deutlich, dass nahezu alle unter den aktuellen Bedingungen litten und sich eine Veränderung wünschten.

In Workshops reflektierte das Team gemeinsam über die bestehenden Herausforderungen und entwickelte eine Vision für eine bessere Zusammenarbeit. Diese offene und ehrliche Auseinandersetzung führte zu einer spürbaren Veränderung – nicht nur im zwischenmenschlichen Bereich, sondern auch in Bezug auf die Automatisierung. Die Mitarbeitenden begannen zu erkennen, dass Digitalisierung nicht nur Einsparungen bedeutete, sondern auch ermöglichte, repetitive und wenig spannende Aufgaben zu reduzieren. Dadurch könnten sie Raum gewinnen, um mit ihrem Fachwissen einen echten Mehrwert für das Unternehmen zu schaffen.

Sobald die hinderlichen Denkweisen und Vorbehalte sichtbar wurden, konnten sie gezielt bearbeitet werden. Mit diesem Bewusstsein fiel es dem Team leichter, neue Wege zu finden und die Faktoren zu reaktivieren, die eine leistungsfähige und motivierte Arbeitsweise unterstützen.

7.5 Transformationen initiieren – vom Transformation Coaching lernen

Selbstreflexion

Stelle Dir eine Situation mit Deinem Team vor, oder im Managementteam oder in einer Strategierunde. Je nach Thema nimmst Du eventuell wahr, dass es Kolleginnen und Kollegen gibt, die eine ganz andere Meinung zu dem Thema haben als Du. Themen können im beruflichen Kontext sein:

Sollen wir in dieser schwierigen Situation eher sparen und Personal abbauen oder sollen wir in Innovationen investieren und ein Start-up übernehmen? Es kann aber auch sein, dass Du die Tendenz hast, bei kontroversen Themen die Gemeinsamkeiten herauszustellen, während ein Gegenüber zu Polarisierungen neigt. Vielleicht ist es Dir wichtig, dass man korrekt und pünktlich ist und eine Agenda Punkt für Punkt abarbeitet und ein anderer Kollege in der Regel zu spät kommt und gerne neue Themenfelder einbringt:

- Spontan: Wessen Meinung, Sichtweise und Vorgehen ist wahrer und richtiger? Deine oder die Deines Gegenübers?
- Was müsste passieren, damit Du Deine Meinung und Dein Vorgehen aufgibst und Dinge so machst wie Dein Gegenüber?
- Wie würdest Du vorgehen, wenn es für Dich in Deiner Funktion relevant wäre, dass Teammitglieder oder Kollegen ihre Meinung oder Einstellung ändern? Von einem „Das haben wir schon immer so gemacht" zu „Lass uns das Neue einmal offen ausprobieren".

Wenn man im Internet googelt, findet man eine Vielzahl von „tiefsitzenden Meinungen" der Vergangenheit, die sich heute als unzutreffend herausgestellt haben und aus jetziger Sicht sogar völlig abwegig erscheinen:

- „Das Erdöl ist eine nutzlose Absonderung der Erde, eine klebrige Flüssigkeit, die stinkt und zu nichts zu gebrauchen ist" (Akademie der Wissenschaften, 1806).
- „Eisenbahnfahrten mit hoher Geschwindigkeit sind unmöglich, weil die Passagiere an Atemnot sterben würden" (Dionysius, 1830).
- „Die Erfindung (des Telefons) hat so viele Mängel, dass sie nicht ernsthaft als Kommunikationsmittel taugt. Das Ding hat keinen Wert für uns" (Western Union, 1876).

- „Der Weltbedarf an Automobilen wird eine Million nicht übersteigen, schon aus Mangel an Chauffeuren" (Gottlieb Daimler, 1901).
- „Eine Rakete wird niemals die Erdatmosphäre verlassen" (New York Times, 1936).
- „Ich glaube, es gibt einen Weltmarkt für vielleicht fünf Computer" (Thomas Watson, 1943).
- „Es gibt keinen Grund, warum irgendjemand in der Zukunft einen Computer zu Hause haben sollte" (Ken Olson, 1977).
- „Das iPhone hat keine Chance auf dem Markt" (Steven Ballmer, 2007).

Wahrscheinlich können wir davon ausgehen, dass alle oben genannten Personen überzeugt waren, dass ihre Sicht der Dinge richtig war und auch im Laufe der Zeit richtig bleiben würde.

In Kap. 2 „Mindset und Wirklichkeitskonstruktion" haben wir uns mit den Hintergründen von Mindset und Konstrukten beschäftigt und bereits darauf hingewiesen, dass sich diese in den neuronalen Strukturen des Gehirns manifestieren. Dadurch, dass das Gehirn alles, was es lernt, auf diese physische Art und Weise speichert, kann es zügig, ohne viel nachzudenken, zu einer Lösung entsprechend dem Bekannten und der Best Practice kommen und damit Energie sparen. Dieser Mechanismus hat evolutionäre Vorteile, solange die Welt relativ konstant ist. In einer Zeit wie der unseren, die von ständigen und immer schnelleren Veränderungen geprägt ist, kann das Festhalten an alten Konstrukten und einem möglicherweise überholten Mindset ein großer Nachteil sein. Hier zeigt sich auch der Druck, unter dem viele Führungskräfte stehen. Sie sollen ihr Team oder ihren gesamten Verantwortungsbereich „Fit for the Future" machen, haben es aber oft mit Menschen zu tun, die lieber an Bewährtem festhalten.

Das tun sie nicht aus bösem Willen oder aus Bequemlichkeit, sondern weil ihre Gehirne, um Energie zu sparen, das so als evolutionären Vorteil machen.

Auf den PowerPoint-Folien klingt der Weg in die Zukunft immer recht einfach. Da fallen Worte wie Zielbild versus Ist-Zustand, Transformation, Change, Kulturwandel etc. Als Zielzustände werden dann oft Agilität, selbstorganisierte Teams, Holacracy, High Performance, Kundenorientierung oder Customer Journey genannt.

Die Anliegen und auch die rationalen Notwendigkeiten für einen solchen Wandel sind oft nachvollziehbar. Dennoch zeigen Studien, dass nur 1/3 aller angestrebten Veränderungsprozesse erfolgreich sind.

Ein wesentlicher Konstruktionsfehler bei der Umsetzung eines solchen Change-Prozesses liegt oft darin begründet, dass die Human Side of Change zu wenig berücksichtigt wird. Wir kommen also wieder zum Mindset, mit dem ein solcher Veränderungsprozess initiiert und durchgeführt wird. Hier ist die Antwort auf die Eingangsfrage „Wie würdest du vorgehen, wenn es für dich in deiner Funktion relevant wäre, dass Teammitglieder oder Kollegen ihre Meinung oder ihr Mindset ändern?" bedeutsam. Wenn die Gründe für die Veränderung eher rational und kognitiv sind und der Veränderungsprozess eher der Konstruktionsbeschreibung eines mechanischen Produktes gleicht, dann ist die Gefahr groß, dass die Menschen nicht mitziehen (vgl. Abb. 7.2).

Die Psychiaterin und Sterbeforscherin Elisabeth Kübler-Ross hat das Erleben von Menschen, die einen nahen Angehörigen verloren haben, untersucht und in einem mehrstufigen Prozess beschrieben. Dieser Ablauf wurde in der Folge von Menschen, die Veränderungsprozesse begleiten, übernommen und weiterentwickelt. Dadurch wurde es möglich, die Struktur eines emotionalen Ablaufs bei einer grundlegenden Veränderung beschreiben zu können.

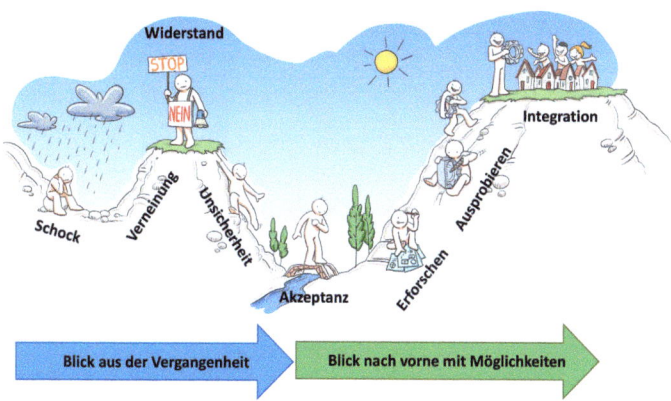

Abb. 7.2 Die Change-Kurve

Demnach durchlaufen viele Menschen eine Art innere Achterbahn mit Phasen wie Schock, Verleugnung, Widerstand, Akzeptanz, Exploration, Experiment und Integration. An dieser Stelle wird die Fähigkeit der Ambidextrie beim Begleiten von komplexen Veränderungsprozessen oder Transformationen deutlich. Einerseits braucht es die Fähigkeit, die Notwendigkeit der Veränderung gut zu begründen und einen geeigneten Prozess dafür zu planen, zu beschreiben und durchzuführen. Mindestens ebenso wichtig ist aber die Fähigkeit, Menschen in ihren emotionalen Reaktionen wie „Schock, Verneinung, Widerstand, Akzeptanz, Exploration, Experiment und Integration" abzuholen.

Transformation Coaching kann als Orchestrierung der bisher beschriebenen Coaching-Formate verstanden werden. Manchmal kann es hilfreich sein, eine Transformationsreise mit einem Development Coaching zu beginnen, in dem man gemeinsam ein positives Bild der Zukunft entwirft – wo müssen wir als Team oder Organisation zum Zeitpunkt X sein und wo kannst Du Dich dort sehen?

Wenn das gut gelungen ist, kann man je nach Bedarf entweder zum Skills Coaching oder zum Performance Coaching übergehen. Welche Fähigkeiten und Kompetenzen brauche ich, um mich sicher genug zu fühlen und den besten Mehrwert auf der Reise zu erzielen? Damit decken wir den Werkzeugkasten ab. Und dann kommen die Fragen an den Einzelnen oder das Team, welches Mindset eher zum Erfolg führt, wie wir es im Performance Coaching beschrieben haben. Während des gesamten Prozesses werden die Fähigkeiten aus dem Personal Coaching immer wieder relevant. Wie hole ich Menschen ab, bei denen Gefühle wie Schock, Angst, Verneinung, Widerstand, Wut, Rückzug etc. ausgelöst werden? Hier prallen oft unterschiedliche Mentalitäten bei den Verantwortlichen für Veränderungsprozesse aufeinander. Der rationale Macher wäre gerne schon weiter und fühlt sich durch die emotionalen Abwehrreaktionen der Mitarbeitenden ausgebremst. Der empathische Vorgesetzte spürt, dass es den Kollegen nicht gut geht, würde gerne helfen, weiß aber oft nicht wie.

Erinnern wir uns kurz daran, dass alle Routinen, Gewohnheiten und Habituierungen in unseren neuronalen Strukturen im Gehirn verankert sind. Um auf dieser Ebene eine Transformation in Gang zu setzen, müssen wir alternative neuronale Strukturen aufbauen. Wie schon gesagt, geschieht dies einerseits durch die Wiederholung des Neuen, andererseits muss im Gehirn ein Milieu von Botenstoffen vorhanden sein, das es den Neuronen leichter macht, sich zu vernetzen. Dieses Milieu wird durch Wertschätzung, Wohlwollen, Neugier, Interesse, Eigenmotivation usw. ausgelöst (vgl. Abb. 7.3).

Unser Gehirn bildet durch Wiederholung leichter neue neuronale Verbindungen, wenn das Neue mit allen Sinnen, mit Denken, Fühlen und Körperempfindungen verbunden ist. Rein kognitive Ansätze und Überzeugungen haben meist keine nachhaltige Wirkung. Wenn wir unsere

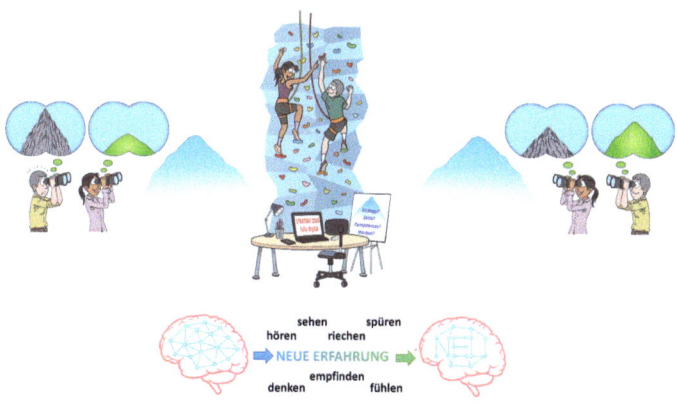

Abb. 7.3 Neuroplastizität braucht Übung

Einstellung zum Bergsteigen ändern wollen, reicht es nicht, gute Bergsteigerbücher zu lesen, sondern wir müssen an eine Kletterwand gehen. Dort können wir gesichert und unterstützt neue Erfahrungen machen.

In einer sich schnell verändernden Welt ist die Fähigkeit, sich anzupassen und neue Arbeitsweisen zu entwickeln, ein entscheidender Erfolgsfaktor – für Unternehmen, Teams und einzelne Mitarbeitende. Je grundlegender ein Wandel ist, desto weniger können bestehende Routinen und bewährte Strategien uneingeschränkt übernommen werden. Ein Umdenken ist notwendig, um neue Lösungsansätze zu entwickeln und nachhaltig zu verankern. Dieser Prozess wird oft als „Mindset-Shift" bezeichnet: Bestehende Denk- und Verhaltensmuster müssen bewusst hinterfragt und weiterentwickelt werden.

Entscheidend für eine erfolgreiche Transformation ist nicht das Wissen um deren Notwendigkeit, sondern es braucht ein tiefes Verständnis dafür, wie dieser Prozess initiiert und begleitet werden kann. Veränderungen sind selten einfach – vor allem, weil das Gehirn dazu neigt, auf vertraute Verhaltensweisen zurückzugreifen. Der bewusste Umgang mit dieser Herausforderung ist der Schlüssel für eine erfolgreiche Transformation.

Wie ein Transformation Coaching auf der individuellen Ebene gestaltet werden kann, werde ich in Kap. 8 noch näher vorstellen.

Potenzial nutzen

Ein wesentlicher Erfolgsfaktor beim Transformation Coaching ist unvoreingenommene Neugier. Diese hilft, Herausforderungen und Probleme mit einem forschenden Geist zu betrachten, neue Perspektiven zu entdecken und neue Lösungen zu finden. Statt zu urteilen oder vorschnell zu reagieren, wird die Welt neugierig und mit echtem Interesse erkundet – als Ausgangspunkt für Wachstum und Lernen.

Fallbeispiel

Die Geschäftsführung der deutschen Niederlassung eines weltweit operierenden Unternehmens für Medizintechnik stellte klare Anforderungen an ihre Vertriebsmannschaft: Mindestens die Hälfte der Vertriebsaktivitäten sollte künftig virtuell erfolgen. Mit dieser Maßnahme verfolgte das Management mehrere Ziele: Effizienzsteigerung, Kostensenkung und nicht zuletzt einen Beitrag zur Erreichung der eigenen Nachhaltigkeitsziele.

Die Ankündigung stieß im Team auf erheblichen Widerstand. Die Erfolgsgeschichten, die im Vertrieb erzählt wurden, lebten von persönlichen Kundenbesuchen, langen Autofahrten durch Schneetreiben und Nebel und zufälligen Begegnungen auf Krankenhausfluren, die nicht selten zu lukrativen Geschäftsabschlüssen führten. Eigenschaften wie Beharrlichkeit, Intuition und persönliches Engagement galten als wesentliche Erfolgsfaktoren. Die Vorstellung, Verkaufsgespräche mit Teams am Küchentisch zu führen, passte nicht in dieses bewährte Selbstverständnis.

Trotz dieser Vorbehalte wurde das Ziel von 50 % virtuellem Vertrieb gesetzt und diente als Ausgangspunkt für ein Transformation Coaching. Die größte Herausforderung bestand darin, aus der vorgegebenen Unternehmensstrategie ein gemeinsames, von den Mitarbeitenden getragenes Ziel fürs Team zu entwickeln. Ohne diesen Schritt bestand die Gefahr, dass immer wieder neue Gründe gefunden würden, warum die Transformation nicht funktionierte. Zudem war klar: Wenn die Umsatzziele dennoch erreicht oder sogar übertroffen würden, wäre es für die Führungskräfte schwierig, die geforderte Veränderung weiter zu begründen.

Im ersten Workshop sprach der Vertriebsleiter das bestehende Dilemma offen an. Gleichzeitig würdigte er die bisherigen Leistungen des Teams und zeigte Verständnis für deren Sorgen. Diese Wertschätzung legte den Grundstein für eine konstruktive Diskussion über mögliche Vorteile des virtuellen Vertriebs. In gemischten Kleingruppen – bewusst altersgemischt zusammengesetzt – wurden Ideen entwickelt. Jüngere Teammitglieder, die eine höhere Affinität zu digitalen Tools hatten, konnten dabei wertvolle Impulse geben.

Aus der Diskussion ergaben sich erste konkrete Maßnahmen:

- Jeder Vertriebsmitarbeiter sollte ein 30-sekündiges Vorstellungsvideo drehen. Eine junge Kollegin mit Erfahrung im Videoschnitt bot ihre Unterstützung an.
- Die Moderation der wöchentlichen virtuellen Meetings wurde in rotierenden Zweierteams organisiert. Ferner verpflichtete sich jedes Moderatorenduo, eine neue digitale Methode auszuprobieren (z. B. Whiteboard-Tools, interaktive Umfragen, Breakout-Sessions oder virtuelle Hintergründe).
- Ein zweiwöchentlicher Team-Call wurde eingerichtet, um Erfolge und Herausforderungen im virtuellen Vertrieb zu diskutieren.
- Erfahrene und weniger erfahrene Kollegen bildeten Kleingruppen, um sich gegenseitig bei der Planung und Durchführung virtueller Kundengespräche zu unterstützen.

Sechs Wochen nach dem ersten Workshop hatte sich schon einiges getan:

- Ein externer Dienstleister war gefunden, der die selbst produzierten Vorstellungsvideos professionell überarbeitete und im einheitlichen Corporate Design gestaltete.

- Kollegen mit wenig Erfahrung in virtueller Kommunikation berichteten, dass sie nun auch sogar privat Videokonferenzen mit Freunden und Familie nutzten.
- Erste erfolgreiche Vertragsabschlüsse über virtuelle Kanäle wurden gefeiert.
- Das Team erkannte, dass virtuelle Meetings in vielen Fällen eine sinnvolle Alternative zu persönlichen Besuchen darstellten und mehr Flexibilität ermöglichten.

Die Mitarbeiterinnen und Mitarbeiter entwickelten ein neues Bild von ihrer Arbeit: Der klassische „Außendienst" blieb wichtig, aber das digitale Arbeiten eröffnete ungeahnte Möglichkeiten. Auf die Frage, welche Faktoren diesen Wandel ermöglichten, nannten die Teammitglieder am Ende des Transformation Coaching sechs Schlüsselpunkte:

1. Der Vertriebsleiter zeigte Wertschätzung für die bisherigen Leistungen des Teams.
2. Die Notwendigkeit der Veränderung wurde klar kommuniziert, ohne das Bewährte zu diskreditieren.
3. Die Mitarbeitenden fühlten sich verstanden, abgeholt und nicht gedrängt, sie durften experimentieren und Fehler machen.
4. Jede Mitarbeitende hatte die Freiheit, den eigenen Weg der Veränderung zu gestalten.
5. Der gesamte Veränderungsprozess wurde gemeinsam gestaltet, mit gegenseitiger Unterstützung und Wertschätzung.
6. Gleichzeitig wurde gegenseitig wertvolles Feedback gegeben.

7.6 Innovationen generieren – vom Emergent Coaching lernen

Selbstreflexion

Stell Dir eine Situation vor, in der Du herausgefordert bist, einen wirklich neuen und innovativen Ansatz für den Umgang mit einer besonders relevanten Herausforderung zu finden. Alle Best Practices und alle gängigen Ansätze haben bisher nicht zu einem wirklichen Durchbruch geführt:

- Wie gehst Du an diese Aufgabe heran? Machst Du es eher alleine oder suchst Du den Kontakt zu Kollegen oder Deinem Team?
- Gibt es einen konkreten Ort, an dem es Dir leichter fällt, auf neue Ideen zu kommen?
- Erinnere Dich an einen Moment, in dem Dir eine solche neue Idee gekommen ist, in dem Du ein Aha-Erlebnis hattest. Was war das Besondere an diesem Moment? Wie und wo ist es entstanden? Würdest Du sagen, es war Anstrengung und Nachdenken oder war noch etwas anderes im Spiel?

Albert Einsteins Philosophie und seine Erkenntnisse werden oftmals mit dem Satz zusammengefasst: „Probleme kann man nie mit derselben Denkweise lösen, die sie verursacht haben." Einstein selbst betont in einem Artikel der New York Times: „A new type of thinking is essential if mankind is to survive and move toward higher levels" („Eine neue Art des Denkens ist notwendig, wenn die Menschheit überleben und sich zu höheren Ebenen entwickeln will"; Einstein, 1946). Dahinter steht die Überzeugung, dass unsere bestehende Denkweise ein Konstrukt oder Mindset ist, das aus seiner inhärenten Logik heraus Probleme erzeugen kann, für deren Lösung wir das vorherrschende Konstrukt, die vorherrschende Denkweise verlassen müssen. Aber wie ist es möglich, sich selbst beim Denken zu beobachten und dann einen inneren Raum zu betreten, der nicht in dieser Denkweise gefangen ist?

Viele Menschen, die ihre Aha-Erlebnisse beschreiben, sagen, dass sie in Momenten auftraten, in denen sie nicht an das eigentliche Problem und die brennende Herausforderung gedacht hatten. Das Aha kam plötzlich unter der Dusche oder beim Joggen oder bei der Gartenarbeit oder …

Um Innovationen und die ihnen zugrunde liegenden Aha-Erlebnisse wirklich zu verstehen, muss man sich die

Funktionsweise des Gehirns anschauen. Wir haben verschiedene Hirnregionen, die für unterschiedliche Fähigkeiten zuständig sind. Zum Beispiel spielt der präfrontale Kortex (Stirnhirn) eine zentrale Rolle bei Planung, Entscheidungsfindung, Problemlösung, logischem Denken und Impulskontrolle. Wenn wir angeregt über eine mögliche Innovation nachdenken, geschieht dies im präfrontalen Kortex. In diesem Moment sind wir aber auch in der gewohnten Denkweise gefangen, von der Albert Einstein gesprochen hat. Wir denken rational, logisch und in kausalen Zusammenhängen.

Das sogenannte Aha-Erlebnis ist eine plötzliche Erkenntnis oder Einsicht, die zur Lösung eines Problems oder zur Neuinterpretation einer Situation führt. Sternberg und Davidson (1995) beschreiben es als eine plötzliche Einsicht, die eine bestehende Perspektive verändern kann. Diese Momente können nicht bewusst gesteuert oder erzwungen werden, aber die neurowissenschaftliche Forschung zeigt, welche Prozesse im Gehirn solche Einsichten begleiten und begünstigen können.

Untersuchungen von Kounios und Beeman (2015) zeigen, dass Aha-Erlebnisse mit einem „Ausbruch" von Gammawellen (>30 Hz) einhergehen. Diese schnellen Schwingungen treten auf, wenn das Gehirn verschiedene Informationsquellen in unterschiedlichen Gehirnregionen integriert und so eine neue Erkenntnis ermöglicht. Interessanterweise geht diesem Moment oft ein Anstieg der Alphawellen (8–13 Hz) voraus. Alphawellen sind charakteristisch für einen entspannten, offenen Geisteszustand und treten insbesondere bei geschlossenen Augen und in Ruhephasen auf.

Die Funktion dieser Alphawellen ist entscheidend: Sie scheinen störende Informationen und äußere Reize zu blockieren, sodass sich das Gehirn auf innere Prozesse konzentrieren kann. Dieser Zustand der „mentalen Abschirmung" ermöglicht es den Gammawellen, sich ungehindert durch verschiedene Hirnregionen zu bewegen und dabei neue Verbindungen zu knüpfen. Dieses wellenartige Zusammenspiel von Alpha- und Gammawellen bildet somit die Grundlage für kreative Durchbrüche.

Beim Aha-Erlebnis sind mehrere zentrale Hirnareale beteiligt, die zusammenarbeiten:

- Temporallappen (insbesondere der anteriore temporale Kortex, ATC): verantwortlich für das Erkennen von Mustern und die Bildung neuer Assoziationen.
- Präfrontaler Kortex (PFC): Sitz des bewussten Denkens und der Problemlösung. Während eines Aha-Erlebnisses ist er kurzfristig weniger aktiv, was die unbewusste Arbeit an einer Lösung begünstigt.
- Hippocampus: beteiligt am Abrufen von Erinnerungen und der Integration neuer Informationen in vorhandenes Wissen.
- Insula und anteriorer cingulärer Cortex (ACC): Diese Regionen bewerten Unsicherheit und erkennen die Relevanz neuer Erkenntnisse.
- Thalamus: Hier entstehen die Gammawellen, die durch das gesamte Gehirn laufen und verschiedene Netzwerke miteinander verbinden.
- Nucleus accumbens: Als Teil des Belohnungssystems schüttet er Dopamin aus, wenn sich eine plötzliche Erkenntnis einstellt. Das erklärt, warum Aha-Erlebnisse oft mit positiven Emotionen verbunden sind.

Neben Alpha- und Gammawellen spielt das Herunterregeln des Betawellenbereichs (13–30 Hz) eine Rolle. Betawellen werden mit aktiver Aufmerksamkeit, Konzentration und analytischem Denken in Verbindung gebracht. Eine hohe Beta-Aktivität kann aber auch mit Stress und Ängsten einhergehen, was kreative Einsichten blockieren kann.

Aha-Erlebnisse hingegen treten häufig in entspannten Momenten auf – zum Beispiel beim Duschen, Spazierengehen oder kurz vor dem Einschlafen. Diese Zustände reduzieren Betawellen und ermöglichen ein stärkeres Zusammenspiel von Alpha- und Gammawellen.

Auch wenn sich Aha-Erlebnisse nicht erzwingen lassen, gibt es Strategien, sie zu fördern:

- Entspannung und Abstand: Durch Aktivitäten wie Meditation oder Tagträumen können Alphawellen verstärkt werden, die den Weg für neue Einsichten ebnen.
- Inkubation nutzen: Wenn eine Lösung nicht sofort gefunden wird, hilft es, das Problem eine Weile ruhen zu lassen. Im Hintergrund arbeitet das Gehirn weiter.
- Perspektivenwechsel fördern: Mit kreativen Methoden wie Mind-Mapping oder freiem Assoziieren können neue neuronale Verbindungen hergestellt werden.
- Gezielt Bewusstseinszustände wechseln: Techniken wie Visualisierung, Imaginationsübungen oder Entspannungsübungen können helfen, zwischen Beta-, Alpha- und Gamma-Zuständen zu wechseln und so die Wahrscheinlichkeit für Aha-Momente zu erhöhen.

Zusammengefasst entsteht ein Aha-Erlebnis durch das Zusammenspiel neuronaler Netzwerke, unterstützt durch charakteristische Hirnstrommuster. Die Fähigkeit, zwischen analytischem Denken und offenen, kreativen Zuständen zu wechseln, ist ein entscheidender Faktor für innovative Einsichten und Problemlösungen. Es beschreibt auf einer subtilen Ebene noch einmal die Wirkung von Ambidextrie. Habe ich einen bewussten Zugang zu den beiden Fähigkeiten und kann ich je nach Bedarf zwischen ihnen wechseln?

Emergent Coaching zielt darauf ab, Menschen in einen Zustand innerer Präsenz zu führen, aus dem heraus spontan neue Ideen und Lösungen entstehen können. Der Begriff „Emergenz" stammt vom lateinischen „emergere" und bedeutet „auftauchen" oder „entstehen lassen". Bei diesem Coaching-Ansatz wird gezielt darauf hingearbeitet, dass der Coachee sein analytisch-rationales Denken vorübergehend in den Hintergrund treten lässt. Durch bewusste Lenkung der Aufmerksamkeit wird ein veränderter Bewusstseinszustand gefördert, in dem Alpha- und Gammawellen im Gehirn dominieren – ein Zustand, der kreative Einsichten und innovatives Denken begünstigt.

Eine zentrale Aufgabe des Coaches ist es, den Coachee, sei es als Individuum oder als Team, dabei zu unterstützen, diese förderlichen inneren Zustände bewusst aufzusuchen. Dadurch können feste Denkmuster „geparkt" und ein Zugang zu innovativen Einsichten erleichtert werden.

Das Emergent Coaching orientiert sich an verschiedenen Quellen, darunter das von Stephen Gilligan und Robert Dilts entwickelte Generative Coaching. Dieses Modell beschreibt exemplarisch sechs Schritte, die im Kontext von Veränderungsprozessen zu Aha-Erlebnissen führen können (Gilligan & Dilts, 2016). Im Zentrum steht der sogenannte COACH-Zustand, der als Ausgangspunkt für kreatives Wachstum verstanden wird.

Der COACH-Zustand basiert auf gesteigerter Achtsamkeit, indem die Aufmerksamkeit bewusst nach innen gelenkt wird, um subtile innere Prozesse wahrzunehmen – und um zu vermeiden, automatisch in gewohnte Reaktionsmuster zurückzufallen.

Ausgehend von Meditationspraktiken des Buddhismus und anderer spiritueller Traditionen haben sich in den vergangenen Jahren zahlreiche Ansätze entwickelt, die Achtsamkeit zur Stärkung von Selbststeuerung und Selbstwirksamkeit nutzen – darunter Positive Intelligence, Mindfulness-Based Stress Reduction (MBSR), HAKOMI, IBP und nicht zuletzt das Generative Coaching.

Im Emergent Coaching geht es darum, bewusst aus dem gewohnten rationalen Denken auszusteigen und durch einen achtsamkeitsbasierten Zustand die Grundlage für neue Perspektiven und kreative Lösungsräume zu schaffen. Dann kann das passieren, was Albert Einstein (1931) einmal gesagt hat: „Das Schönste, was wir erleben können, ist das Geheimnisvolle."

Führungskräfte, die Kreativität und innovative Lösungen fördern wollen, sollten nicht versuchen, Aha-Momente zu steuern oder zu erzwingen. Eine wichtige Erkenntnis aus dem Emergent Coaching für Führungskräfte ist, dass Aha-Momente nicht gezielt herbeigeführt oder geplant werden können. Führungskräfte können jedoch Rahmenbedingungen schaffen, die das Entstehen solcher Einsichten begünstigen. In dieser Rolle fungieren sie als Impulsgeber und Ermöglicher, die kreativen Freiräume bieten und ein Umfeld schaffen, in dem sich Menschen experimentierfreudig und spielerisch mit neuen Ideen auseinandersetzen können.

Um eine Kultur zu fördern, in der kreative Einsichten entstehen können, sind folgende Maßnahmen hilfreich:

- Klassische Rollen und Hierarchien bewusst in den Hintergrund stellen, um einen offenen Austausch zu ermöglichen.
- Vielfalt und Diversität im Team aktiv fördern, um unterschiedliche Perspektiven einzubringen.
- Ein inspirierendes Arbeitsumfeld schaffen, in das verschiedene Medien und kreative Methoden eingesetzt werden können.
- Mitarbeiterinnen und Mitarbeiter ermutigen, sich als kreative Persönlichkeiten zu verstehen und ihre Ideen aktiv einzubringen.

- Moderation und Gesprächsführung gezielt einsetzen, um Themen aus verschiedenen Blickwinkeln zu beleuchten.
- Phasen der Aktivität und Entspannung bewusst abwechseln, um das kreative Potenzial zu steigern.
- Den spielerischen Umgang mit Ideen und die Freude an der Zusammenarbeit fördern, um Innovationen zu ermöglichen.

Potenzial nutzen

Für die Begleitung innovativer Prozesse – in denen Aha-Momente möglich werden – ist es hilfreich, bewusst einen inneren Zustand gesteigerter Achtsamkeit zu aktivieren. Erst dadurch entsteht die Fähigkeit, automatische Abläufe des eigenen Mindsets wahrzunehmen. Gleichzeitig unterstützt dieser Zustand dabei, gewohnte Denk- und Handlungsmuster zu hinterfragen, Begrenzungen aufzulösen und kreative sowie neuartige Lösungen zu entwickeln. Ein solcher achtsamer Zustand fördert spielerisches, freies Denken und eröffnet Zugänge zu Möglichkeiten, die zuvor vielleicht nicht sichtbar waren.

Fallbeispiel

Herr Falke war weit entfernt von dem Zustand kreativer Leichtigkeit, den er sich wünschte. Vor einem Jahr hatte er den Schritt in die Selbstständigkeit gewagt, nachdem er zuvor Geschäftsführer einer deutschen Mediaagentur gewesen war, die zu einem internationalen Konzern mit mehreren zehntausend Mitarbeitern gehörte. Sein neu gegründetes Unternehmen spezialisierte sich auf die Entwicklung innovativer Kommunikationsstrategien mit starkem Fokus auf digitale Medien.

Mit seiner energiegeladenen Präsenz dominierte Herr Falke sofort den Coaching-Raum. Er war es gewohnt, Entscheidungen zu treffen, Prozesse zu steuern und Verantwortung zu übernehmen – Eigenschaften, die ihn in seiner Karriere weit gebracht hatten. Doch gerade dieses Agieren im gewohnten „Macher-Modus" führte zunehmend zu einer inneren Anspannung und hinderte ihn daran, wirklich kreative Lösungen zu entwickeln.

Schon in den ersten Coachingsitzungen wurde deutlich, dass ihn vor allem eine diffuse Unzufriedenheit blockierte. Probleme erkannte er sofort, aber es fehlte eine klare Vorstellung von innovativen Lösungswegen. Dies war typisch für eine Situation im Emergent Coaching: Die Herausforderung war greifbar, aber die Innovation lag im Dunkeln.

Ein zentraler Schritt im Coaching-Prozess war es, Herrn Falke in einen bewussteren, entspannteren und achtsamen Zustand zu führen. Durch gezielte Atemtechniken und Achtsamkeitsübungen gelang es ihm, sich von seinem gewohnten Problemlösungsmodus zu distanzieren. In diesem ruhigeren Zustand wurde ihm klar, dass er sich nach mehr Freiraum für kreatives Arbeiten sehnte, anstatt sich ständig von operativen Anforderungen unter Druck setzen zu lassen. Besonders aufschlussreich war seine eigene Wortwahl: Er sprach davon, neue Ideen „entstehen zu lassen" – ein starker Kontrast zu seinem bisherigen Ansatz, der auf Kontrolle und zielgerichteter Steuerung basierte.

Im nächsten Schritt untersuchte Herr Falke, welche Bedingungen ihn in einen optimalen kreativen Zustand versetzen könnten. Schnell wurde ihm klar, dass er sich dafür gezielt zurückziehen musste, um ungestört zu sein. Dabei erinnerte er sich an eine Situation in Botswana, wo er während eines Urlaubs in der Weite eines Wildreservats ein besonderes Gefühl von Ruhe und Inspiration empfunden hatte. Dieses Bild löste bei ihm eine tiefe Entspannung aus – und plötzlich kam ihm wie von selbst eine neue Idee. Fast überrascht stellte er fest, dass ihm in diesem Zustand ein innovatives Kommunikationskonzept eingefallen war, das sich spontan und stimmig anfühlte. Dieser kreative Durchbruch war ein Aha-Moment, der zeigte, wie wichtig es für ihn ist, den inneren Raum für neue Möglichkeiten zu öffnen.

8

Mindset-Shift: Vom „gewohnten Ich" zum „möglichen Ich" – Führung von innen transformieren

Zusammenfassung Wie am Anfang des 2. Teils schon beschrieben, sind im Leaders Coaching Circle verschiedene
Perspektiven miteinander verwoben. In Kap. 7 haben wir
uns der Perspektive Herausforderung für Führungskräfte
im Spannungsfeld der komplizierten und der komplexen
Realität gewidmet. Häufig entsteht bei Führungskräften an irgendeinem Moment die Erkenntnis, dass sie sich
selbst eventuell ändern sollten, um ihre Fähigkeiten der
Ambidextrie zu erhöhen. In diesem Kapitel soll der Frage
nachgegangen werden, wie eine solche Änderung, die oftmals eine persönliche Transformation bedeutet, ablaufen
kann.

Abraham Lincoln wird der Satz zugeschrieben: „Gib mir
sechs Stunden, um einen Baum zu fällen, und ich werde
die ersten vier Stunden damit verbringen, die Axt zu
schärfen."

© Der/die Autor(en), exklusiv lizenziert an Springer Fachmedien   **113**
Wiesbaden GmbH, ein Teil von Springer Nature 2025
A. Klimek, *Der Leaders Coaching Circle,* Fit for Future,
https://doi.org/10.1007/978-3-658-49304-2_8

Bisher haben wir uns mit den Herausforderungen beschäftigt, denen Du als Führungskraft gegenüberstehst. Wir sind aber auch schon tiefer in das Phänomen eingetaucht, dass wir Menschen durch unser Mindset bzw. unsere Konstrukte unsere Lösungsmöglichkeiten für Herausforderungen teilweise selbst einschränken. Über den Dialog, wie Coaching mit solchen Herausforderungen umgeht, wollten wir versuchen, einige der Begrenzungen unserer eigenen Konstrukte zu erweitern.

In diesem Kapitel wollen wir noch einen Schritt weiter gehen und uns explizit damit beschäftigen, wie wir unsere eigenen Reaktionsmechanismen, die in der Regel immer erlernt und habitualisiert sind, in einem ersten Schritt wahrnehmen können, um dann in einem zweiten Schritt mit mehr Freiheit und mehr eingebettet in unsere Potenziale und Ressourcen agieren zu können.

8.1 Konstrukte und Mindset entstehen dialogisch

Alles, was wir in der Vergangenheit erlebt und dem wir bewusst oder unbewusst eine Relevanz beigemessen haben, hat Einfluss auf die Entstehung unserer Konstrukte, unserer Mindsets. Früher sprach man in diesem Zusammenhang von Prägung. Die neuere Forschung, beginnend mit der Säuglingsforschung, zeichnet ein dynamischeres Bild. Von Geburt an, wahrscheinlich schon als Embryo, tritt ein Baby in eine aktive Interaktion mit seiner Umwelt und zieht aus dieser Interaktion seine eigenen Schlüsse, die in der Zeit vor der sprachlichen Entwicklung natürlich nicht verbal repräsentiert werden. Die Vielfalt dieser Schlussfolgerungen fließt dann in den Aufbau unserer Konstrukte, unserer Mindsets ein. Wir sind also von Anfang an nicht passive Rezipienten, sondern aktive Mitgestalter unserer inneren Wirklichkeit. In diesen Prozess des Aufbaus unserer Konstrukte, unseres Mindsets fließt die Umwelt mit all ihren in dem jeweiligen Moment vorherrschenden Gegebenheiten ein. Jemand, der heute in Europa aufwächst, wird eine bestimmte Überzeugung von Demokratie, Meinungsfreiheit, Frauenrechten, beruflichen Entwicklungsmöglichkeiten usw. haben. Das ist wahrscheinlich ganz anders, wenn man zur gleichen Zeit in Saudi-Arabien oder China aufwächst oder im Mittelalter auf die Welt gekommen wäre. Aber auch, ob man die Welt eher als ein großes Uhrwerk wahrnimmt, das sich am besten mit den Gesetzen der Naturwissenschaften und der Mechanik erklären lässt, oder als einen Gottesstaat, der von einer höheren, unsichtbaren Macht geformt wird, fließt als wenig hinterfragte Ebene in unsere Konstrukte mit ein. Für manche sind diese beiden Sichtweisen zu begrenzt, und sie gehen eher davon aus, dass alles organisch miteinander verbunden ist und in ständiger systemischer Wechselwirkung steht.

Aufbauend auf diesem eher gesellschaftlich-sozialen Zusammenhang stehen dann die Erfahrungen, die ich in meiner Familie, in meinem Freundeskreis, im Kindergarten oder in der Schule gemacht habe. Wenn es in meiner Familie seit Generationen eine Selbstverständlichkeit war, Arzt oder Bauer oder Lehrer oder Kaufmann zu sein, dann kann es gut sein, dass ich dies, ohne weiter darüber nachzudenken, zu meinem eigenen Zielbild mache.

Verbunden mit diesen beiden Ebenen sind all die Erfahrungen, die ich in meiner persönlichen Entwicklungsgeschichte gemacht habe. Wie sicher und geborgen habe ich mich gefühlt? Wie wurden meine Bedürfnisse und Wünsche befriedigt? Wie leicht konnte ich meine Gefühle ausdrücken, einen eigenen Willen entwickeln und wurde ich dabei unterstützt, meinen eigenen Weg zu gehen? Wenn es

Phasen gab, in denen die Umgebung nicht entsprechend meinen inneren Bedürfnissen mit mir umgegangen ist, dann musste ich dafür eine kreative Lösung finden, aber meist mit einem eingeschränkten Set an Möglichkeiten.

In der Zeit, als ich aufgewachsen war, herrschte teilweise die pädagogische Einsicht vor, dass kleine Babys zu ganz bestimmten Zeiten gefüttert werden sollten. Die Schreie des Babys sollten die Eltern ausblenden. Das Baby stand nun vor einer sehr schwierigen inneren Herausforderung. Sein Körper signalisierte Hunger und der angeborene Reflex war, sich über Schreien Aufmerksamkeit zu verschaffen. Gleichzeitig musste es jetzt irgendwie lernen, mit der aus seiner Sicht unpassenden Umgangsweise umzugehen. Eine kreative Möglichkeit könnte darin bestehen, seinen eigenen Hunger nicht mehr richtig wahrzunehmen und seinen Reflex, sich für seine Bedürfnisse durch Schreien Gehör zu verschaffen, zu unterbinden. Dies passierte nicht als kognitive Denkleistung, sondern mit den rudimentär im Körper angelegten Möglichkeiten. Daraus entsteht dann eventuell über die Zeit als sogenannte Kompensationsstruktur ein Konstrukt und Mindset, eigene Bedürfnisse nicht mehr richtig zu spüren und Wünsche nicht mehr zu artikulieren.

Aus verschiedenen unterschiedlichen Erfahrungen entwickelt sich über die Zeit das, was wir Persönlichkeitsstruktur oder Charakterstruktur nennen. Wie schon erwähnt, haben sich alle als relevant erlebten Erfahrungen im neuronalen Netz des Gehirns verschachtelt und manifestiert. Durch diese körperliche Manifestation haben alle diese Themen einen hohen Grad an Beständigkeit. Ich kann einfach nicht morgens aufstehen und den Tag als eine andere Persönlichkeit beginnen. Ich kann mein monokausales Denken nicht einfach durch einen gefühlsdominierten Entscheidungsprozess oder durch ein systemisches Wahrnehmen und Denken ersetzen. Es gibt

Forscher, die sagen, dass bis zu 95 % all unseres Erlebens, Fühlens, Denkens und Handelns aus automatisierten und habituierten Prozessen besteht. Die 95 % sind keine genaue Messung, sondern soll als Bild dienen, wie dominant unbewusste Automatismen sind.

8.2   Konstrukte werden zum „gewohnten Ich" – das „mögliche Ich" baut auf Potenzialen auf

All diese Aspekte fasse ich unter dem Begriff „gewohntes Ich" zusammen. Es sind all die Gewohnheiten auf den Ebenen Wahrnehmen, Denken, Fühlen, Handeln und all die Einstellungen und Überzeugungen. Es ist all das, wovon unsere engen Freunde sagen, es sei „typisch Ich". Dieses „gewohnte Ich" ist gut vorbereitet, um in einer gewohnten Realität effektiv zu existieren. Aber es schöpft nie alle Möglichkeiten aus, mit denen ich auf die Welt gekommen bin. Jedes Baby, das irgendwo auf der Welt geboren wurde, hat so viele Möglichkeiten, neuronale Verbindungen zu knüpfen, dass es die Sprache an jedem Ort der Welt perfekt lernen könnte. Im Laufe der Zeit nimmt dieses Potenzial ab, und die Wahrscheinlichkeit, dass ich heute noch Japanisch wie ein Japaner sprechen kann, geht gegen null.

Dennoch ist unser Gehirn durch das Phänomen der Neuroplastizität in der Lage, durch neue Erfahrungen meine Konstruktionen und mein Mindset weiterzuentwickeln. Bis ins hohe Alter sind wir lernfähig, können uns verändern und ungenutzte Potenziale entfalten. Die meisten von uns haben während Corona sehr substanzielle Erfahrungen in dieser Richtung gemacht. Vor Corona habe ich 95 % meiner Coachingsitzungen und 100 % meiner

Trainings persönlich durchgeführt. Ich war davon überzeugt, dass das online nicht wirklich gut funktioniert. Das hat sich inzwischen stark geändert, und ich liebe es jetzt, aus der Ferne arbeiten zu können.

Um im Sinne von Lincoln die eigene Axt zu schärfen, braucht es zunächst die Fähigkeit, meine eigenen Routinen und Gewohnheiten zu kennen. Wie reagiere ich auf Stress, was fällt mir leicht, was eher schwer? Wie offen kann ich mit Kritik umgehen und wie leicht fällt es mir, Feedback zu geben? Sehe ich das Glas eher halb voll oder eher halb leer? Gehe ich eher rational an Themen heran oder eher emotional? Fällt es mir leicht, anderen zu vertrauen und komplexe Aufgaben zu delegieren oder nicht? Oft braucht es einen sehr ehrlichen und selbstkritischen Blick auf sich selbst. Es kann hilfreich sein, sich dazu Feedback von guten Freunden und Kollegen zu holen.

Als kleines Schaubild zeigt Abb. 8.1, wie in der Regel ein äußeres Ereignis durch unsere vorhandenen neuronalen Strukturen die Muster unseres „gewohnten Ichs" auslöst. Oft ist das, was wir gewohnt sind, die schnellste und vertrauteste Reaktion, aber es ist nicht unbedingt die beste und erfolgversprechendste.

An dieser Stelle kann man sich fragen, welche Art der Reaktion vielleicht sinnvoller, effektiver und ehrlicher wäre. Oft hilft es auch, darüber zu reflektieren, ob man jemanden kennt, der auf das gleiche Ereignis wahrscheinlich anders reagieren würde, vielleicht gelassener, verbindender, entschlossener, schneller … Oder man kann sich hypothetische Fragen stellen wie „Wie würde ich in dieser Situation reagieren, wenn ich gerade 6 Mio. Euro im Lotto gewonnen hätte?" Solche Fragen bringen einen näher in Kontakt mit dem „möglichen Ich", das in der mir gewohnten Welt eher seltener zum Vorschein kommt.

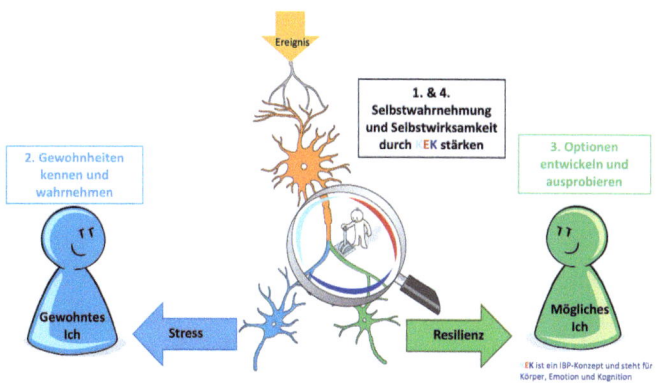

Abb. 8.1 Vom „gewohnten Ich" zum „möglichen Ich". *KEK* Körper, Emotion, Kognition

8.3 Selbstwahrnehmung und Selbstwirksamkeit durch KEK stärken

Die eigentliche Arbeit, die Axt zu schärfen, findet in „3. Selbstwahrnehmung und Selbstwirksamkeit durch KEK stärken" statt. KEK ist ein Konzept der Integrativen Körperpsychotherapie/Integratives Coaching IBP und steht für Körper, Emotion, Kognition. Jedes Erleben findet immer in allen drei Dimensionen gleichzeitig statt. Jede freudige Situation löst oft eine tiefere Atmung und einen entspannteren Körpertonus aus, es entstehen Gefühle von Freude und Zufriedenheit und die Gedanken sind freundlicher und assoziativer. In dem Moment, in dem die Situation plötzlich bedrohlich wird, verändern sich alle Dimensionen des KEK entsprechend.

Je mehr ich meine Selbstwahrnehmung schule, desto leichter und schneller kann ich erkennen, wenn in mir eine automatische Reaktion abläuft – als inneres Echo auf ein äußeres Ereignis. Und je früher ich dies bemerke, desto leichter kann ich mich bewusst mit meinem „möglichen Ich" verbinden und daraus heraus handeln.

In den psychodynamischen und körperorientierten Therapien finden sich unterschiedliche Modelle, die beschreiben, wie sich bestimmte Charaktermuster oder innere Reaktionsstile als kreative Anpassung an frühere Erfahrungen herausbilden. Manche Muster zeigen sich als übermäßige Selbstkritik, andere in einem starken Bedürfnis nach Kontrolle, Anerkennung oder Konfliktvermeidung. Auch Rückzug, Rastlosigkeit oder ein ausgeprägter Wunsch, alles „richtig" zu machen, können solche inneren Strategien sein.

Solche Muster sind nicht pathologisch – sie sind in der Regel Schutzstrategien, die einmal sinnvoll waren, aber heute oft unsere Wahrnehmung und Handlungsfreiheit einschränken.

Wenn wir in der Lage sind, diese Reaktionen frühzeitig wahrzunehmen, entsteht ein neuer Raum: Wir können innehalten, spüren, atmen, anders hinschauen. Oft hilft schon ein kurzer Moment der Achtsamkeit – ein Fokus auf die Atmung, eine gespürte Körperempfindung, ein inneres Innehalten –, um nicht reflexhaft, sondern bewusst zu reagieren.

In dem Moment, in dem wir die Aktivierung eines alten Musters erkennen, können wir uns gezielt mit einem inneren Potenzial verbinden – einer Haltung, die in uns schon angelegt ist, aber im Autopilot-Modus selten aktiviert wird.

Ähnliche Grundprinzipien lassen sich in verschiedenen Ansätzen erkennen – zum Beispiel auch beim sogenannten Positive Intelligence® von Shirzad Chamine (2014). Shirzad beschreibt diesen Prozess anhand von „10 Saboteuren" und „5 Sage Powers" – seinem Begriffspaar für hinderliche Automatismen und förderliche innere Ressourcen. Ziel ist es, hinderliche innere Reaktionsmuster zu erkennen, sich mit unterstützenden Qualitäten zu verbinden und dadurch bewusst handlungsfähig zu bleiben. Die dahinterliegenden drei Schritte – wahrnehmen, neu fokussieren, bewusst wählen – finden sich jedoch nicht nur dort, sondern sind in vielen achtsamkeitsbasierten oder integrativen Ansätzen verankert.

Bereits im Buddhismus, in der Gestaltarbeit oder in modernen körperorientierten Verfahren wie IBP wird ein ähnliches Entwicklungsprinzip beschrieben: Nur durch das bewusste Wahrnehmen automatischer innerer Reaktionen entsteht ein Raum, aus dem heraus neue Möglichkeiten gewählt werden können.

8.4 Der Leaders Coaching Circle als innerer Weg zum Raum der Möglichkeiten

Auch im Leaders Coaching Circle greifen wir diese Dynamik auf – allerdings mit einem eigenen Fokus: Die sechs beschriebenen Potenziale (Empathie, Grit, Werteorientierung, Neugier, Growth Mindset sowie Achtsamkeit und Kreativität) sind Ausdruck einer inneren Haltung, die im „möglichen Ich" angelegt ist. Sie werden nicht als feste Typologie verstanden, sondern als Erfahrungsqualitäten, die durch Präsenz, Selbstwahrnehmung und Übung kultiviert werden können.

Im Kapitel über die sechs Coaching-Formate habe ich sechs dieser Potenziale exemplarisch beschrieben – sie zeigen sich jeweils als innere Ressource in unterschiedlichen Kontexten:

- Empathie – fördert Mitgefühl für sich selbst und andere, stärkt Beziehungen und emotionale Belastbarkeit.
- Grit – unterstützt das ausdauernde Dranbleiben an Veränderungen und beim Lernen.
- Werteorientierung – hilft, Entscheidungen auf das auszurichten, was wirklich zählt und mit dem man auch rückblickend zufrieden sein wird.
- Neugier – ist ein wertfreies Erforschen. Es öffnet für neue Perspektiven und systemische Zusammenhänge.
- Growth Mindset – aktiviert Zuversicht, Lernbereitschaft und Verantwortung und ist fokussiert, kreativ und engagiert.
- Achtsamkeit und Kreativität – ermöglichen es, Denk- und Handlungsmuster bewusst wahrzunehmen und zu hinterfragen sowie neue Lösungen zu entwickeln.

Diese Potenziale sind nicht vollständig – sie stehen exemplarisch für die Möglichkeiten, die im „möglichen Ich" verankert sind. Manchmal reicht schon die Frage: Wie würde jemand anders in dieser Situation reagieren – jemand, der klar, gelassen, mutig oder verbunden handelt? Solche inneren Perspektivwechsel helfen dabei, gewohnte Bahnen zu verlassen.

Ziel ist nicht, sich „richtig" zu verhalten, sondern bewusster, verbundener und flexibler. Wie im Fitnessstudio ist auch hier nicht das Wissen entscheidend, sondern die Praxis. Der Leaders Coaching Circle kann Impulse geben, Übungen vorschlagen, Räume öffnen – doch die eigentliche Entwicklung entsteht durch das eigene Tun.

Fallbeispiel

George ist Geschäftsführer eines Unternehmens, das in eine Konzernstruktur eingebunden ist. Er gilt als durchsetzungsstark, fokussiert und effizient – insbesondere in Krisensituationen. Gleichzeitig ist er ein einfühlsamer Vorgesetzter, der es versteht, selbst schwierigen Situationen etwas Positives abzugewinnen. So auch, als es im Konzern zu strukturellen Veränderungen kam, die ihn persönlich hart trafen und ganz anders verliefen, als zuvor kommuniziert. George beschreibt es rückblickend als „abserviert und hintergangen".

Viele Menschen wären in einer solchen Lage enttäuscht, wütend oder hätten den Gedanken gefasst, das Unternehmen zu verlassen. Nicht so George: Er analysierte die Situation klar und versuchte sie anzunehmen und positiv nach vorn zu schauen – im Sinne von: „Nach dem Regen kommt die Sonne. Ich mache das Beste daraus."

Vor einiger Zeit hatte George das Positive-Intelligence®-Assessment durchgeführt. Die stärksten Saboteure bei ihm waren der Hyper-Rational (übermäßig rational) und der Controller (kontrollierend), gefolgt vom Stickler (pedantisch, übergenau) und dem Hyper-Vigilant (übermäßig ängstlich). Als zertifizierter Coach in Positive Intelligence® habe ich die Arbeit mit Saboteuren gezielt in den Coaching-Prozess integriert.

Gerade Hyper-Rational und Controller passen gut zum klassischen Bild eines erfolgreichen Managers: rational, kontrolliert, strukturiert. Der Hyper-Rational blendet Emotionen schnell aus und richtet den Fokus auf Analyse und Problemlösung – genau das tat George auch in seiner beruflichen Krise. Er konnte anfangs kaum spüren, wie tief ihn das Gefühl, „abserviert und hintergangen" worden zu sein, tatsächlich berührt hatte.

Gleichzeitig ist ihm wichtig, ein empathischer Vorgesetzter zu sein. Ich lud George zu einem kleinen Experiment ein: Ich stellte einen zweiten Stuhl in den Raum und bat ihn, sich symbolisch in die Rolle seines „empathischen Selbst" zu setzen. Von dort aus sollte er mit Mitgefühl auf den George auf dem leeren Stuhl blicken und erspüren: Wie geht es ihm wirklich? Sofort benannte er Gefühle wie Wut, Verletzung, Enttäuschung und Scham.

George wuchs in Rumänien in der Zeit von Ceaușescu auf, in einem familiären Umfeld, das von ständiger Überwachung durch die Geheimpolizei Securitate geprägt war.

Zusätzlich erlebte er in seinem teilweise dysfunktionalen Familiensystem wiederholt unberechenbare Situationen, die ihn als Kind überforderten. Dieses Gefühl des Ausgeliefertseins machte ihn übersensibel für mögliche Bedrohungen. Diese waren die Wurzeln der inneren Struktur des Hyper-Vigilant. Doch um diesen ängstlichen Teil entstand ein Schutzwall: der analytische, rationale George, der versucht, sein Erleben unter Kontrolle zu halten. Der ängstliche Junge wurde im Alltag ausgeblendet, während der „erwachsene" George für Effizienz, Leistung und Anerkennung sorgte.

Die Intervention mit dem empathischen Blick auf sich selbst machte George spürbar betroffen – und auch hilflos. Was sollte er mit diesen seit Langem verdrängten Gefühlen tun?

Im weiteren Verlauf der Sitzung vertieften wir das Ausgangsszenario: Georges Kindheit in einem unberechenbaren Elternhaus in Rumänien. Ich fragte ihn, wie er als Kind mit dieser belastenden Realität umgegangen sei.

Plötzlich begann er zu strahlen. Er erinnerte sich daran, wie er sich in einer alten Gartenlaube mit seiner Gitarre zurückzog und stundenlang spielte, sang, komponierte. Das war seine eigene Welt: friedlich, sicher, kreativ. Seine Augen leuchteten – eine Erfahrung tiefer Energie, Lebensfreude und innerer Stimmigkeit. Hier zeigten sich seine verborgenen Potenziale.

Ich bat ihn, mit genau dieser Energie auf seine aktuelle berufliche Situation zu blicken. Das innere Leuchten wurde noch intensiver. George erkannte, dass es an der Zeit war, sich offen mit einer möglichen beruflichen Neuorientierung auseinanderzusetzen – vielleicht in einem Umfeld, das besser zu seinen Werten, seiner Kraft und seiner Vision passt.

In der weiteren Arbeit ging es darum, bewusster zwischen den zwei inneren Anteilen unterscheiden zu können:

- dem „gewohnten Ich", das durch die Rationale dominiert wurde, und
- dem „möglichen Ich", das mit dem inneren Leuchten verbunden ist und von seinen Potenzialen genährt wird.

Ziel war es, die bewusste Selbstwahrnehmung und Selbstwirksamkeit mit dem Modell KEK zu stärken. Denn auf diesen drei Ebenen manifestieren sich Erleben und Veränderung.

Nur wenn alle aktiviert sind, kann Lernen nachhaltig bis auf die neuronale Ebene wirken.

Ich bat George, aufzustehen und den Zustand „gewohntes Ich" auf allen drei KEK-Ebenen zu beschreiben, in dem seine Hauptsaboteure aktiv sind:

1. Körper: George bemerkte sofort eine Art innerliche Alarmbereitschaft – eine „Hab-acht"-Haltung, erhöhte Körperspannung, angehaltene Atmung. Sein Körper war im Stressmodus.
2. Emotion: Auf emotionaler Ebene zeigte sich eine Mischung aus Resignation, Angst und unterschwelliger Aggression – ein Gefühl der Anspannung und inneren Enge.
3. Kognition: Sein Denken war ununterbrochen aktiv, fast getrieben – ständig auf der Suche nach Lösungen, mental übersteuernd und kaum verbunden mit dem emotionalen Erleben.

Ich bat ihn, für diesen Zustand das Bild eines Tieres entstehen zu lassen. Ihm kam eine in die Enge getriebene Katze in den Sinn, die faucht und die Krallen ausfährt.

Im zweiten Schritt wiederholten wir die Übung – nun mit Fokus auf das „mögliche Ich", das mit den Potenzialen verbunden ist:

1. Körper: Sein Körper entspannte sich, richtete sich von innen heraus auf. Die Atmung wurde tiefer, begann im Bauch und dehnte sich in den Brustraum aus.
2. Emotion: Es entstand eine kraftvolle, ruhige, zentrierte Energie – Gelassenheit, Offenheit, Entschlossenheit und Ergebnisoffenheit zeigten sich gleichzeitig.
3. Kognition: Georges Denken wurde klar, assoziativ und gleichzeitig ruhig – fast meditativ. Es war ein Zustand innerer Weite und Übersicht.

Als Bild erschien ihm ein Condor, der hoch über den Anden kreist. Dieses Bild war für George tief stimmig. Es symbolisierte Überblick, Weite, Freiheit, Souveränität – ganz ohne Überanstrengung.

Um den Condor-Zustand nachhaltig zu verankern, gab ich George drei Übungen mit auf den Weg:

1. Achtsamkeit: George sollte weiterhin regelmäßig kleine Achtsamkeitsübungen durchführen – und dabei mehrmals täglich prüfen: Bin ich gerade im „gewohnten Ich" oder im „möglichen Ich"? Und: Wie spüre ich das jeweils in Körper, Emotion und Kognition?
2. Das Condor-Bild verankern: Er sollte sich mehrere Bilder vom Condor ausdrucken und in seinem Büro und Zuhause aufhängen. Gleichzeitig könnte er das Bild auch als Hintergrund auf seinem Smartphone oder Computer verwenden.
   Jedes bewusste Sehen des Condors ruft eine subtile innere Erfahrung wach, die über die Zeit die neuronale Repräsentanz des „möglichen Ich" stärken.
3. Alltagsritual – Joggen mit dem Condor: Da George leidenschaftlich gern joggt, verknüpften wir die Condor-Energie mit dieser Aktivität: Wie joggt der Condor durch den Wald? Was nimmt er wahr? Wie erlebt er seinen Körper, seine Emotionen und sein Denken? Wie fühlt sich das an – im Vergleich zum gewohnten Joggen?

Im Außen hat sich nach einigen Wochen beruflich zunächst wenig verändert – George arbeitet weiterhin mit hohem Engagement in seinem bisherigen Umfeld.
Aber seine innere Haltung hat sich gewandelt:

- Er treibt sich nicht mehr permanent an.
- Er hat begonnen, seinen CV zu verschicken und seine Optionen zu prüfen.
- Er hat ein zunehmend klares inneres Bild davon, wohin er beruflich möchte – und mit welcher Energie.

Gleichzeitig hat er angefangen, sich mit dem Thema Vergebung zu beschäftigen: Ja, er wurde nicht gut behandelt. Ja, es war ungerecht. Und ja, es hat wehgetan. Aber ihm wird zunehmend bewusst: Alle Beteiligten sind in ihren eigenen Kontexten und gewohnten Mustern gefangen.
Seine wichtigste Essenz war: Er möchte nicht aus Groll etwas Altes verlassen – sondern sich vom Neuen anziehen lassen. Nicht Flucht, sondern bewusste Gestaltung. Nicht Trotz, sondern Klarheit und Zuversicht.

9

Systemic Team Coaching (STC): Teams stärken, Transformation ermöglichen und Wertschöpfung erhöhen

Zusammenfassung Teamarbeit macht einen großen Teil des Arbeitsalltags aus. In gut funktionierenden Teams können besondere Leistungen erbracht werden, die weit über die Summe der einzelnen Mitglieder hinausgehen. Genauso können aber auch dysfunktionale Teams zu einer Belastung für den Einzelnen und die gesamte Organisation werden. In diesem Kapitel wollen wir einen Blick auf den Ansatz des STC von Peter Hawkins werfen und dann genauer betrachten, wie STC im Leaders Coaching Circle eingesetzt werden kann, um ein Team bei der Bewältigung einer konkreten Herausforderung zu unterstützen.

> **Selbstreflexion**
>
> Stelle Dir eine Situation in einem Team vor, in dem Du Mitglied bist oder das Du leitest.

© Der/die Autor(en), exklusiv lizenziert an Springer Fachmedien Wiesbaden GmbH, ein Teil von Springer Nature 2025
A. Klimek, *Der Leaders Coaching Circle,* Fit for Future,
https://doi.org/10.1007/978-3-658-49304-2_9

- Wie gut erlebst Du die Zusammenarbeit in diesem Team? Würdest Du sagen, dass es einen großen Unterschied macht, wenn das Team als Team zusammenarbeitet?
- Wie offen und ehrlich ist die Kommunikation? Gibt es ungelöste und unausgesprochene Konflikte, die unter der Oberfläche immer wieder negativ wirken?
- Verstehen sich alle Teammitglieder als wichtiger Teil des Teams oder sehen sie sich eher als Fürsprecher für ihren eigenen Verantwortungsbereich?
- Wie würdest Du vorgehen, wenn Du eine grundlegende positive Veränderung in der Team-Dynamik, im Zusammenwirken als Team und in der Performance als Team erzielen wolltest?

Neben der eigenen Entwicklung als Führungskraft, wie ich sie im letzten Kapitel beschrieben habe, gibt es einen zweiten Fokus, der zum Erfolg jeder Organisation beiträgt. Und das sind Teams, die gemeinsam an Themen arbeiten und gemeinsam einen Mehrwert für eine Organisation schaffen.

„Ein Team ist eine kleine Anzahl von Personen mit sich ergänzenden Fähigkeiten, die sich einem gemeinsamen Ziel, Leistungszielen und einer Vorgehensweise verschrieben haben, für die sie gemeinsam verantwortlich sind." Diese Definition stammt aus dem Buch von Katzenbach und Smith *The Wisdom of Teams: Creating the High-Performance Organization* (Katzenbach & Smith, 1993) und hebt für Teams insbesondere hervor:

- Kleine Anzahl von Personen – ein effektives Team hat nicht zu viele Mitglieder, um die Zusammenarbeit zu erleichtern. Die optimale Größe liegt bei etwa 8 Teammitgliedern.
- Komplementäre Kompetenzen – die Mitglieder bringen unterschiedliche, aber komplementäre Kompetenzen ein.

- Gemeinsames Ziel und Leistungsziele – das Team hat einen klaren Auftrag und konkrete Leistungsziele.
- Gemeinsamer Ansatz – die Teammitglieder arbeiten nach einem vereinbarten Plan oder Ansatz.
- Gegenseitige Verantwortung – die Teammitglieder übernehmen gemeinsam die Verantwortung nicht nur für ihre eigenen Ergebnisse, sondern auch für die Ergebnisse des Teams.

Diese Definition macht den Unterschied zwischen einer losen Arbeitsgruppe und einem echten Team deutlich: Während in einer Arbeitsgruppe Einzelpersonen unabhängig voneinander arbeiten, zeichnet sich ein Team durch gemeinsame Verantwortung, unterstützende Zusammenarbeit und ein gemeinsames Ziel aus.

Aus dem Mannschaftssport wissen wir, dass ein solches Team nicht von selbst entsteht, nur weil man die richtigen Spieler aufs Feld stellt. Hier setzt der Ansatz von STC von Prof. Peter Hawkins an. STC verlagert den entwicklungsorientierten Fokus des Einzelcoachings auf die Dynamik von Teams.

In vielen Teams (z. B. bestehend aus 5 Personen) ergibt sich oft eine merkwürdige Gleichung:

$$120 + 120 + 120 + 120 + 120 = 105$$

Wenn man 5 Personen mit einem IQ von 120 in ein Team setzt, kann es vorkommen, dass die Gesamtintelligenz des Teams auf 105 sinkt. Allzu oft behindern sich die Teammitglieder gegenseitig, indem sie ihre eigenen Interessen aus ihrem eigenen Bereich teilweise über die gemeinsamen Interessen des Teams stellen. Eine erste Frage lautet daher: Welches Team ist das A-Team und welches das B-Team? Wird das übergeordnete Führungsteam als das A-Team verstanden, dann werden hier gemeinsame strategische

Weichenstellungen erarbeitet und beschlossen. Diese werden dann in die eigenen Teams getragen und dort umgesetzt. Anders verhält es sich, wenn das eigene Team, dessen Führungskraft man ist, das A-Team ist. Dann entstehen im übergeordneten Team, dem B-Team, oftmals Rivalitäten, Kämpfe etc. und die kollektive Intelligenz kann sinken, manchmal sogar drastisch.

STC nach Peter Hawkins (Abb. 9.1) ist ein integrativer Ansatz zur Weiterentwicklung von Teams, der Teams dabei unterstützt, ihre Leistung substanziell zu verbessern und gleichzeitig eine nachhaltige Wirkung in den Systemen zu erzielen, in denen sie agieren. Peter geht mit seinem Ansatz bewusst einen Schritt weiter als viele andere Ansätze, die versuchen, Teams auf dem Weg zu „High Performance Teams" zu entwickeln. Er meint, dass dies zu sehr auf die Ergebnisse des Teams selbst fokussiert und weniger auf die Wirkung, die das Team in den Systemen hat, in denen es agiert. Peter beschreibt seinen Fokus als die Entwicklung von „High-Value-Creating-Teams".

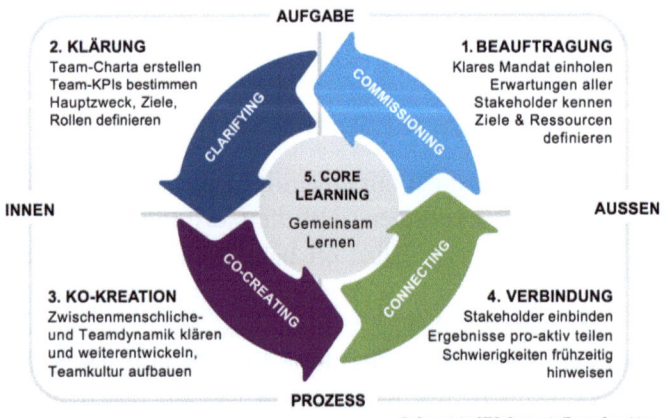

Abb. 9.1 Systemic Team Coaching. *KPIs* Key Performance Indicators

Er beschreibt den Prozess des systemischen Teamcoachings entlang des Modells von fünf Disziplinen, die Teams entwickeln können, um langfristig Wert zu schaffen:

- Beauftragung (Commissioning):

  - Klärung des übergeordneten Zwecks des Teams: Warum gibt es dieses Team? Welchen Zweck soll das Team erfüllen?
  - Die Erwartungen aller relevanten Stakeholder erfassen und sicherstellen, dass die richtige Unterstützung und die richtigen Ressourcen zur Verfügung stehen.
  - Verbindung zwischen dem Team und seiner Organisation/seinem Umfeld herstellen.

- Klären (Clarifying):

  - Ziele, Rollen und Erwartungen innerhalb des Teams definieren.
  - Eine klare Strategie und Prioritäten entwickeln.
  - Sich auf gemeinsame Werte und Normen einigen.

- Ko-Kreation (Co-Creating):

  - Entwicklung einer effektiven und vertrauensvollen Zusammenarbeit im Team.
  - Offene Kommunikation und psychologische Sicherheit fördern.
  - Umgang mit Konflikten verbessern und Förderung gemeinsamer Reflexion.

- Verbinden (Connecting):

  - Aktive Zusammenarbeit mit internen und externen Interessengruppen.
  - Sicherstellen, dass das Team nicht isoliert arbeitet, sondern einen Mehrwert für sein Umfeld schafft.
  - Entwicklung von Netzwerk- und Beziehungsfähigkeit.

- Gemeinsames Lernen (Core-Learning):

  - Reflexion und kontinuierliche Verbesserung der Teamarbeit.
  - Förderung einer Lernkultur, in der Feedback aktiv genutzt wird.
  - Entwicklung von Anpassungs- und Innovationsfähigkeit.

Peter betont, dass Teams nicht nur für ihre eigene Leistung verantwortlich sind, sondern auch für die Wirkung, die sie auf ihre Organisation und ihr Umfeld haben. STC konzentriert sich daher nicht nur auf die interne Teamdynamik, sondern auch auf die Beziehungen zu externen Partnern und Stakeholdern. Es gibt etwa beim STC den Fokus „Team of Teams". „Team of Teams" versucht im Blick zu haben, wie verschiedene Teams in größeren systemischen Einheiten zusammenwirken. Genauso wie ein Team mehr ist als die Summe der Teammitglieder, so ist das „Team of Teams" mehr als die Summe seiner Teams.

Einige der Methoden, die in einem Prozess beim STC immer wieder zum Einsatz kommen, sind

- Stakeholder-Analyse (Wer sind unsere wichtigsten Einflusspartner?),
- Reflexionsrunden und Rückblicke,
- Team-Fragebogen,
- Rollen- und Verantwortungsklärung,
- systemische Fragetechniken,
- Feedbackmethoden (z. B. 360° Feedback),
- Konfliktmoderation.

STC nach Peter Hawkins ist ein leistungsfähiges Modell, das Teams nicht nur nach innen stärkt, sondern sie auch dabei unterstützt, effektiver mit ihrem Umfeld zu interagieren.

Dabei geht es nicht nur um Teamentwicklung, sondern um eine systemische Sichtweise, die das gesamte Ökosystem eines Teams berücksichtigt. Das Zusammenwirken innerhalb des Teams wird verbunden mit den verschiedenen Schnittstellen über verschiedene Ebenen hinweg. Es wird zum Beispiel nicht nur gefragt, wie man den direkten Kunden darin unterstützen kann, wirksam zu sein, sondern auch die Kunden der Kunden. Das Ganze nicht nur in der Jetztzeit oder nahen Zukunft, sondern über eine erweiterte Zeitspanne hinweg. Wenn man diesen Gedanken zu Ende führt, entsteht ein Verständnis von einem wirklich nachhaltig agierenden Team. Ein Team, das sich mit all den möglichen Wirkungen bewusst auseinandersetzt, die sich horizontal bis zum eingebettet sein in einem globalen Ökosystem erstrecken, und vertikal Auswirkungen auf zukünftige Generationen mit in Betracht zieht.

Im Leaders Coaching Circle verbinden wir das STC bewusst mit den 6 Herausforderungen auf Teamebene und der persönlichen Weiterentwicklung oder Transformation auf individueller Ebene. Wie beim Coaching von Einzelpersonen stellen wir uns die Frage, welche der 6 Herausforderungen hinter dem Offensichtlichen eine Rolle spielen:

- Personal Coaching im Teamkontext: Nutzt das Team die Kommunikation so effektiv, dass es sowohl Krisen bewältigen als auch Konflikte innerhalb und außerhalb des Teams gut lösen kann? Sind die Teammitglieder in der Lage, sich gut aufeinander einzustimmen, förderlich zuzuhören und durch offene Fragen den Erkenntnisprozess des Teams voranzutreiben? Und nutzen sie diese Fähigkeiten auch an den Schnittstellen zu anderen Stakeholdern?

- Skills Coaching im Teamkontext: Sind alle Fähigkeiten, Werkzeuge, Fertigkeiten und Kompetenzen so gut ausgebildet, dass das Team sie für die eigene Zusammenarbeit gut nutzen kann?
- Development Coaching im Teamkontext: Sieht jeder klar das Zielbild „Value-Kreation" für das Team und auch dessen Beitrag für die Systeme, in denen es agiert? Und stimmt dieses Zielbild mit dem persönlichen Zielbild der Teammitglieder überein? Nimmt sich das Team die Zeit, seinen eigenen Zweck oder Purpose zu entdecken?
- Performance Coaching im Teamkontext: Hat das Team die Fähigkeit, entlang der Gleichung „Performance = Toolset + Mindset" ein für den Teamerfolg hilfreiches Mindset aufzubauen? Sowohl individuell als auch als Team? Das Toolset kann durch Skills Coaching gestärkt werden.
- Transformational Coaching im Teamkontext: Ist sich das Team der verschiedenen Konstrukte und Mindsets bewusst, die zwischen den Teammitgliedern wirken? Hat das Team auch einen Fokus auf einschränkende Konstrukte auf der Teamebene? Und kann man förderlich ins Gespräch kommen,

  - wie sich die Organisationskultur auf die Zusammenarbeit auswirkt,
  - welchen Einfluss kulturelle Hintergründe haben,
  - ob es geschlechtsspezifische Unterschiede in Wahrnehmen, Erleben, Denken und Handeln gibt,
  - wie die persönlichen „gewohnten Ichs" miteinander interagieren,
  - welche automatischen Routinen am besten die Teamdynamik beschreiben und wie man dadurch entweder schnell und effizient agiert oder sich in wiederkehrenden Schleifen behindert,

– wie man darauf aufbauend für sich den Anspruch formuliert, aus dem „gewohnten Team-Ich" ein „mögliches Team-Ich" zu entwickeln und sich gemeinsam für „Selbstwahrnehmung und Selbstwirksamkeit" einzusetzen?

• Emergent Coaching im Teamkontext: Weiß das Team, wie es gemeinsam in einen Aha-förderlichen Zustand gelangt, um Herausforderungen mit einem innovationsfördernden Mindset zu begegnen? Versucht es, kreative Methoden wie Aufstellungen, Theory U, Design Thinking, Visualisierungen etc. einzusetzen, wenn es darum geht, aus dem Gewohnten auszubrechen?

Fallbeispiel

Weiter oben habe ich bereits von dem IT-Team berichtet, das sich bewusst für den Leaders Coaching Circle entschieden hat, um einen Transformationsprozess in der eigenen Organisation zu begleiten, der mit der Einführung neuer IT-Systeme einhergeht. Um dieses Team gut zu unterstützen, wurden die verschiedenen bisher beschriebenen Formate stark gemischt und folgten als roter Faden dem Vorgehen des STC:

• Nach einer ersten Klärung der Ziele und Verantwortlichkeiten für das Team durch den Auftraggeber wurde begonnen, sich zunächst auf die Disziplin Core Learning (gemeinsames Lernen) zu konzentrieren. Jedes Teammitglied war ein Fachexperte, aber das Wissen, wie man interne Kunden durch einen Transformationsprozess begleitet oder wie man die eigenen Mitarbeiter coacht, war nicht sehr ausgeprägt. Mit dem Doppelfokus Skills Coaching und Personal Coaching wurden grundlegende Kommunikationsfähigkeiten vermittelt und auch die Vorgehensweise des PCCS eingeübt. Dieser Fokus des Core Learning zog sich durch den gesamten Leaders Coaching Circle.
• Im nächsten Schritt unterstützten sich Peer Coaching Tandems gegenseitig in der zweiten Disziplin Commissioning (Beauftragung). Hier ging es darum, herauszufinden, welche Stakeholder Erwartungen an die Ergebnisse

des Teams hatten bzw. für wen man als Team einen Mehrwert schaffen sollte. Dies passierte sowohl auf der Ebene der Führungskraft mit ihrem Verantwortungsbereich als auch auf der Ebene des Führungsteams. Die Ergebnisse des Peer Coaching wurden anschließend im Team zusammengefasst.

- Mithilfe des Performance Coaching und des Development Coaching konzentrierte sich das Team dann auf die Disziplin Clarifying (Klären). Dabei wurden Fragen der konkreten Ziele diskutiert, der Modus der Zusammenarbeit festgelegt, die notwendigen Mindsets beschrieben und auch Fragen der persönlichen Entwicklung (Development) bearbeitet.
- In der Disziplin Co-Creating (Ko-Kreation) wurden sowohl Aspekte des Transformation Coaching als auch des Emergent Coaching integriert. Einerseits ging es darum, ganz neue innovative Ansätze zu finden, die einen Transformationsprozess beim internen Kunden auslösen können. Spannend war auch die Integration des Ansatzes der Positive Intelligence® zur Frage der internen Zusammenarbeit mit dem Fokus auf die Interaktion der eigenen Saboteure mit den Saboteuren anderer Teammitglieder. Zu diesem Zeitpunkt war in der Gruppe schon ein sehr hohes Vertrauen entstanden, sodass man sich sehr offen über Fragen der persönlichen Transformation austauschen konnte.
- In der Disziplin Connecting (Verbinden) ging es um eine sensible Kommunikation mit den Stakeholdern, vor allem auch deshalb, da es oft nicht nur darum ging, „gute Nachrichten" zu vermitteln. Hier war die Veränderungskurve des Transformational Coaching sehr unterstützend, um auf mögliche emotionale Reaktionen vorbereitet zu sein. Zusätzlich ging es auch um das Verständnis von gelingender Kommunikation, das vom Personal Coaching übernommen wurde.

10

Ausblick: Wo kann die Reise des Leaders Coaching Circle hingehen?

Zusammenfassung Die Herausforderungen unserer Zeit verlangen mehr als Wissen und Können – sie fordern eine neue Tiefe im Denken und Sein. Der Leaders Coaching Circle bietet Führungskräften einen Raum für persönliche und kollektive Entwicklung inmitten disruptiven Wandels. Dieses Kapitel blickt voraus: Wohin kann die Reise gehen, wenn eine Transformation von innen beginnt?

Peter Hawkins verweist im Geleitwort dieses Buchs auf sein eigenes Werk *Beauty in Leadership and Coaching: And Its Role in Transforming Human Consciousness.* Darin schreibt er von den notwendigen globalen Veränderungen, die weit über Wissen, Können und Technik hinausgehen. Die großen Herausforderungen unserer Zeit – Klimakrise, Artensterben, Ungleichheit, psychische Erkrankungen – seien Ausdruck eines kollektiven Bewusstseins, das sich in einer flachen, fragmentierten Welt eingerichtet habe.

© Der/die Autor(en), exklusiv lizenziert an Springer Fachmedien Wiesbaden GmbH, ein Teil von Springer Nature 2025
A. Klimek, *Der Leaders Coaching Circle,* Fit for Future,
https://doi.org/10.1007/978-3-658-49304-2_10

Ohne eine Wandlung unserer tiefsten Denk- und Seins-
weisen, so Hawkins, „haben wir nicht den Hauch einer
Chance" (Hawkins, 2024).

Der Leaders Coaching Circle entstand aus einer boden-
ständigen Frage: Was brauchen moderne Führungskräfte,
um mit den disruptiven Veränderungen der VUKA-Welt
umzugehen?

Die Antworten führten uns hinein in hybride Organisationen, in Spannungsfelder zwischen Komplexität und
Kompliziertheit, zwischen Zielorientierung und Menschlichkeit. Wer diesen Weg ernsthaft geht, spürt früher oder
später einen inneren Impuls, sich in Richtung Ambidextrie – zur Beidhändigkeit – zu entwickeln.

Doch Entwicklung meint mehr als nur das Erlernen
einer zweiten Hand. Ja, es geht um Fähigkeiten: Coa-
ching-Kompetenz, tiefes Zuhören, Dialog auf Augenhöhe.
Aber jenseits davon beginnt eine andere Reise – eine nach
innen. Dort, wo Potenziale ruhen, überlagert von Routinen, eingeschlossen durch alte Gewohnheitsmuster. Dort,
wo das „mögliche Ich" wartet, verborgen unter den Stim-
men und mentalen Konstrukten des „gewohnten Ichs".

Entfaltet sich dieser innere Raum, weitet sich auch
unser Blick. Was sich zunächst wie ein individueller Ent-
wicklungspfad anfühlte, wird zur Heimkehr: hinaus aus
der Enge des Funktionierens – hinein in ein verkörpertes,
sinnlich waches Leben, verbunden mit dem, was größer ist
als wir selbst. Peter Hawkins beschreibt es als „Reise nach
Hause (…) in intimer Teilhabe an der weiteren Natur, die
uns umgibt, uns durchströmt und Leben und Sinn gibt"
(Hawkins, 2024).

Diese Reise hat kein Ziel im klassischen Sinn – doch sie
verändert alles.

Möge der Leaders Coaching Circle ein Raum sein, in dem solche Wege beginnen. Zum Wachstum des Einzelnen – und zum Wohle all der Welten, in denen wir wirken: nicht nur im Jetzt, sondern auch in einer Zukunft, die mehr Tiefe kennt, mehr Weite, mehr Menschlichkeit.

Literatur

Bergmann, F. (2004). *Neue Arbeit, neue Kultur*. Arbor Verlag.

Bohm, D. (2001). *Der Dialog: Das offene Gespräch am Ende der Diskussionen*. Klett-Cotta.

Chamine, S. (2012). *Positive intelligence: Why only 20% of teams and individuals achieve their true potential*. Greenleaf Book Group Press.

Delizonna, L. (2017, August 24). *High-Performing Teams Need Psychological Safety: Here's How to Create It*. Harvard Business Review. Abgerufen am 26.6.25, von *Harvard Business Review*-Website.

Dilts, R. B., & Gilligan, S. (2021). *Generatives Coaching Band 1: Auf der Reise zu kreativen und nachhaltigen Veränderungen*. Castle Mount Media GmbH & Co. KG.

Duckworth, A. L. (2017). *Grit – Die neue Formel zum Erfolg: Mit Begeisterung und Ausdauer ans Ziel*. C. Bertelsmann.

Dweck, C. S. (2007). *Selbstbild: Wie unser Denken Erfolge oder Niederlagen bewirkt*. Piper.

Einstein, A. (1931). *The world as I see it*. Philosophical Library.

Einstein, A. (1946, June 23). *The real problem is in the hearts of men*. New York Times Magazine.

© Der/die Herausgeber bzw. der/die Autor(en), exklusiv lizenziert **141**
an Springer Fachmedien Wiesbaden GmbH, ein Teil von Springer
Nature 2025
A. Klimek, *Der Leaders Coaching Circle*, Fit for Future,
https://doi.org/10.1007/978-3-658-49304-2

Hawkins, P. (2020). *Systemic team coaching*. Kogan Page.

Hawkins, P. (2021). *Leadership team coaching: Developing collective transformational leadership* (4. Aufl.). Kogan Page.

Hawkins, P. (2024). *Beauty in leadership and coaching: And its role in transforming human consciousness [Kindle-Version]*. Routledge.

Hawkins, P., & Carr, C. (2025). *Team of Teams Coaching: Using a Teaming Approach to Increase Business Impact*. Kogan Page.

Hohberger, S., & Damlachi, H. (2017). *Performancesteigerung im Unternehmen: Innovative Tools und Techniken*. Springer Gabler.

Gallup Deutschland. (2025). Gallup Engagement Index Deutschland 2024 [PDF-Bericht]. Gallup Deutschland. https://www.gallup.com/de/472028/bericht-zum-engagement-index-deutschland.aspx. Zugegriffen: 26. Juni 2025.

Katzenbach, J. R., & Smith, D. K. (1993). *The wisdom of teams: Creating the high-performance organization*. Harvard Business Review Press.

Kaul, E., & Fischer, M. (2024). *Einführung in die Integrative Körperpsychotherapie IBP* (2. Aufl.). Hogrefe Verlag.

Klimek, A. (2000). *Liebe und werde, der Du bist*. Via Nova.

Klimek, A., & AtKisson, A. (2016). *Parachuting cats into Borneo: And other lessons from the change café*. Chelsea Green Publishing.

Klimek, A., & Stork, W. (2020). *Coaching Culture – Transformationsprozesse begleiten und fördern*. Wilhelm Büchner Hochschule.

Klimek, A., & Stork, W. (2020). *Coaching-Formate in der digitalen Transformation – Was Organisationen und Führungskräfte von Coaching lernen können*. Wilhelm Büchner Hochschule.

Klimek, A., & Stork, W., et al. (2020). Transformation Coaching und Generative Coaching – Neue Dimensionen der Coachingkultur von Organisationen in der digitalen Arbeitswelt. In R. Wegener (Hrsg.), *Coaching im digitalen Wandel* (S. 127–144). Vandenhoeck & Ruprecht.

Koch, J. (2019). Neuroplastizität: Die Fähigkeit unseres Gehirns, sich ein Leben lang zu verändern. *Springer*. https://doi.org/10.1007/978-3-662-58997-3.

Kounios, J., & Beeman, M. (2015). *The Eureka factor: Aha moments, creative insight, and the brain*. Random House.

Kurtz, R. (2021). *HAKOMI – eine körperorientierte Psychotherapie: Die Grundlagen der Hakomi-Methode*. G. P: Probst Verlag.

Rogers, C. R. (1961). *On becoming a person: A therapist's view of psychotherapy*. Houghton Mifflin.

Rogers, C.R. (1978). *Die Kraft des Guten; Ein Appell zur Selbstverwirklichung*. Kindler.

Ryba, A., & Roth, G. (2019). *Coaching und Beratung in der Praxis: Ein neurowissenschaftlich fundiertes Integrationsmodell* (2. Aufl.). Klett-Cotta.

Schein, E. H. (2017). *Organizational culture and leadership* (5. Aufl.). Wiley.

Schmidt, C. (2022). Peer-Coaching in Organisationen: Grundlagen, Konzepte und Methoden. Springer VS. https://doi.org/10.1007/978-3-658-35997-3

Senge, P. M., & Klostermann, M. (2006). *Die fünfte Disziplin: Kunst und Praxis der lernenden Organisation* (7. Aufl.). Klett-Cotta.

Sternberg, R. J., & Davidson, J. E. (Hrsg.). (1995). *The nature of insight*. MIT Press. Biblio+3.

Storch, M., & Tschacher, W. (2001). *Embodied communication: Die Macht des Unbewussten und wie Worte wirken*. Hogrefe.

Thagard, P., & Stewart, T. C. (2011). The AHA! experience: Creativity through emergent binding in neural networks. *Cognitive Science, 35*(1), 1–33. https://doi.org/10.1111/j.1551-6709.2010.01142.x.

Whitmore, J. (2017). *Coaching for performance: The principles and practice of coaching and leadership* (5. Aufl.). Nicholas Brealey Publishing.

Weiterführende Literatur

Dilts, R. B., & Gilligan, S. (2023). *Generatives Coaching Band 2: Vertiefung der Schritte zu kreativen und nachhaltigen Veränderungen*. Castle Mount Media GmbH & Co. KG.

Dilts, R. B., & Gilligan, S. (2023). *Generatives Coaching Band 3: Mehrdimensionale Wege zum Erfolg*. Castle Mount Media GmbH & Co. KG.

Duwe, J. (2020). *Die Vernetzung der Welten. Beidhändigkeit in der Führung*, in: OrganisationsEntwicklung, Heft 4.

von Glasersfeld, E. (1997). *Radikaler Konstruktivismus: Ideen, Ergebnisse, Probleme* (W. Köck, Übers.). Suhrkamp. (Originalarbeit veröffentlicht 1995)

Hüther, G. (2011). *Was wir sind und was wir sein könnten: Ein neurobiologischer Mutmacher*. Fischer.

Hüther, G. (2015). *Etwas mehr Hirn, bitte: Eine Einladung zur Wiederentdeckung der Freude am eigenen Denken und der Lust am gemeinsamen Gestalten*. Vandenhoeck & Ruprecht.

Kabat-Zinn, J. (2011). *Gesund durch Meditation: Das vollständige Grundlagenwerk zu MBSR* (Übers. H. Kappen). Otto Wilhelm Barth Verlag.

Laloux, F. (2014). *Reinventing organizations: A guide to creating organizations inspired by the next stage of human consciousness*. Nelson Parker.

Luhmann, N. (1987). *Soziale Systeme: Grundriß einer allgemeinen Theorie*. Suhrkamp.

Maturana, H. R., & Varela, F. J. (1987). *The tree of knowledge: The biological roots of human understanding*. Shambhala.

Meadows, D. H. (2008). *Thinking in systems: A primer*. Chelsea Green Publishing.

Siegel, D. J. (2010). *Mindsight: The new science of personal transformation*. Bantam.